開心，放開心

暢銷心靈作家
何權峰◎著

高寶書版集團

生活勵志 030

開心，放開心

作　者　何權峰
總編輯　林秀禎
編　輯　張天韻
出版者　英屬維京群島商高寶國際有限公司台灣分公司
Global Group Holdings, Ltd.
聯絡地址　台北市內湖區洲子街88號3樓
網　址　gobooks.com.tw
E-mail　readers@gobooks.com.tw（讀者服務部）
pr@gobooks.com.tw（公關諮詢部）
電　話　(02) 2799-2788
電　傳　出版部(02) 2799-0909　行銷部(02) 2799-3088
郵政劃撥　19394552
戶　名　英屬維京群島商高寶國際有限公司台灣分公司
登記證　局版北市業字第1172號
初版日期　2007年6月
發　行　希代多媒體股份有限公司/Printed in Taiwan
香港總經銷　全力圖書有限公司
地　址　香港新界葵涌打磚坪街58-76號和豐工業中心1樓8室
電　話　(852) 2494-7282　傳真　(852) 2494-7609

國家圖書館出版品預行編目資料

開心，放開心/ 何權峰 著 -- 初版. --
臺北市：高寶國際， 2007[民96]
面；公分.（生活勵志；HL030）

ISBN 978-986-185-065-8(平裝)
1.修身 2.生活指導

192.1　96007586

Contents

Contents

〈序〉

開心，放開「心」

今天的你又不開心了。也不知道為什麼，心常會糾結在一起？你說。

心會糾結？那一定是你在某一地方執著了；一定某一個地方被某一個人、某一件事情、某一個東西，給束縛住了。你的心打了結，這就是你不開心的原因，對嗎？

那有辦法解開嗎？

當然，沒有結是解不開的。你只要去了解那個結，了解那些心結是怎麼綁住的，然後透過了解的過程，你就能解開那個結。

*

讓我用一則故事來解說。有一次佛陀來到一個地方，他是去講道的，他手中拿著一條手帕，在手帕打了五個結，然後對著一群和尚問道：「這條有結的手帕和原來的手帕有什麼不同嗎？現在我要怎麼做才能解開這些結？」

有一個和尚說：「它既是相同的，但又不同。說它相同是因為那條手帕的本質並沒有改變，即使有了結，它還是同一條手帕；而不同的是，原本那個結並不存在，而現在卻多了結。」

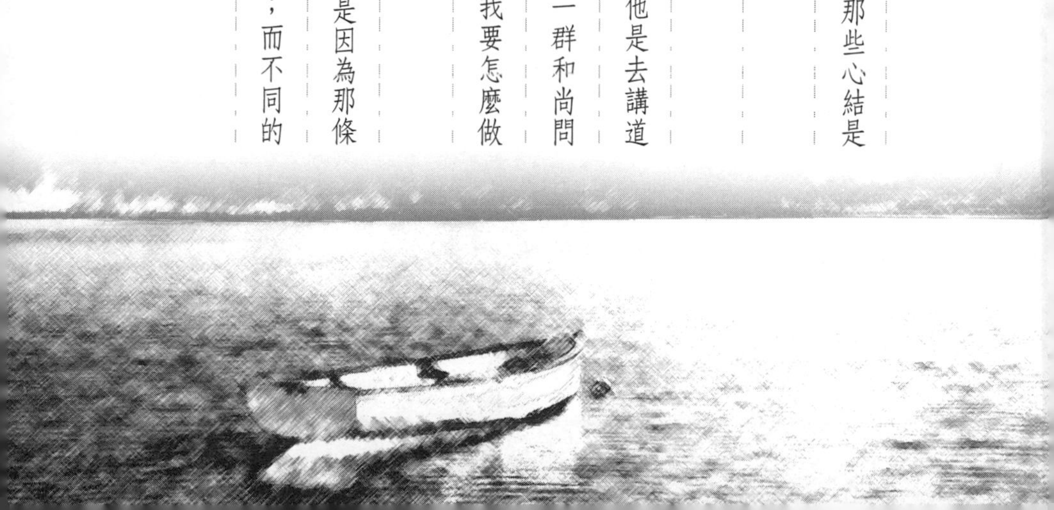

佛陀說：「這就是人們內心的狀態，表面上雖然打了許多結，但是在深處，是沒有打結的。」心的本質是一樣的，不同的只是你在上頭打了結罷了。

佛陀又問另外一個問題：「那我要怎麼做才能解開這些結？」

另一個和尚回道：「除非我們知道你是怎麼打結的，否則我也無法說什麼。」

「嗯！」佛陀說：「沒錯，你如何打結？你為什麼解不開這個結？你必須先了解，因為解開結的方法，只是順序相反。」

如果期望讓你失望，那麼不期望將讓你不再失望；如果依戀讓你悲傷，那麼不依戀將讓你不再悲傷；如果執著讓你痛苦，那麼不執著將

讓你脫離痛苦。不管你痛苦的是什麼，它的相反就是快樂的過程；不管你有多少解不開的結，把順序相反過來，那就是解脫之道。

*

解決問題的關鍵不是去解決它，而是去了解它，這是人們常搞錯的。答案並不是在外面，它隱藏在問題裏面，所以不要去尋找答案，而要深入去洞察那個問題，找出那個根，一旦你了解它，那個問題才能根本的解決。

你常不開心，心常會糾結在一起嗎？記住，所有的結都是你自己綁上的。解鈴還須繫鈴人，即使心有千千結，但是在心的深處，是沒有打結的。只要你願意放開你的心，突然，結就這麼解開了。

禪心如水

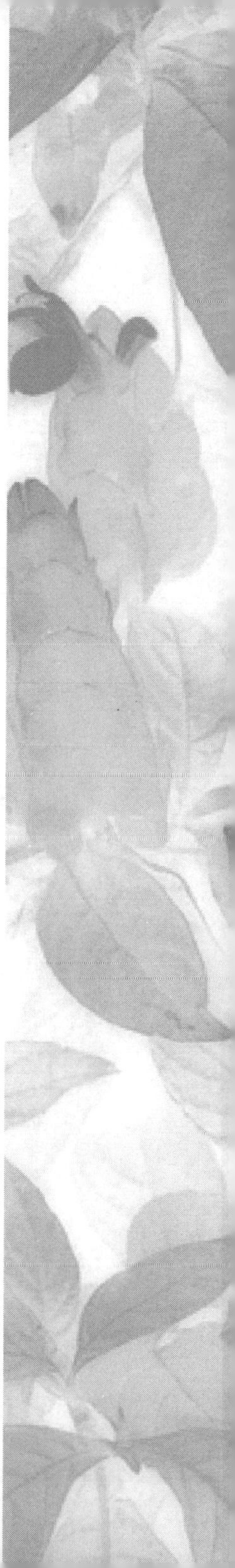

內觀其心，心無其心

——心靈就像故鄉蒼翠的青山一樣，始終是不動的，動的是那起心動念的白雲。

當情緒紛亂時，要如何平息內在的騷動？你問。

河流在流動，你就坐在岸邊，看著那些東西在流動，什麼事都不要做。你只要坐在那裡看，泥土會沉澱到底下，枯葉會順流而下，如果你能看著內心的騷動，它本身就會漸漸安定下來。

大自然一直有它自己的秩序，所有混亂只能是暫時的狀態。如果你

什麼事都不做，每一樣東西都會自己安定下來。你只是觀看，看它從那裡來，往那裡去，看著它停留，看著它離去，然後心情就會跟著靜下來。

心情沒有辦法一直混亂，它能夠嗎？如果你什麼都不做，再來會怎樣？心情就會轉變，它無法一直不變，每樣東西都在變。快樂來了又去，不快樂也是來了又去，你難道沒注意到這個現象嗎？沒有一樣東西是永恆，所以為什麼要急？憤怒產生了，它將會平息，心情不好，也很快就會消失，你只要等待。

*

坐禪的道理就在這裡，你只是坐著，什麼事都不做，心境就會慢慢

安定下來。觀看就是靜心，當你坐在那看書、看風景看得很投入，看得渾然忘我，其實就是一種禪坐。

每天為自己挪出一些空閒的時間，讓自己什麼都不要做，你只要觀照每一片刻內閃過的各種念頭就好。

剛開始時可以從小小的念頭著手練習。找個地方靜靜地坐著，閉上眼睛，任何念頭出現你都加以觀看，念頭總是不斷地出現又不斷地過去。例如，你聽見路上有人猛按喇叭，你馬上興起一連串的思緒，你突然記起有次你在馬路上，也曾被後車猛按喇叭的情景，你覺得很討厭。

然後你想到討厭這個念頭，你忘了喇叭聲，你突然想起最近發生一

件很討厭的事，因為那件事你又想起了某個人……思緒就這樣持續地進行下去。

有些人開始禪坐，常覺得自己的思想很亂。這是正常的，那不是思想比以前亂，而是因為你比以前安靜，因為你內在靜下來，這才發覺自己的思想是多麼亂。沒關係，別去想它，只要看，純粹地看，沒有任何思考地看。

靜默讓你冷眼觀察一切，看著自己心智上的垃圾、廢物漂過心頭，就好像靜坐在河岸，看著枯木在河面上飄浮，順流而下。在寂靜詳和中，一切了解於心。

*

對你的想法不認同就是靜心。你頭腦裡面的東西就是那個混亂的源頭，沒有頭腦，就會有平靜。只要忽視它，只要你保持冷漠，對它不再有興趣，讓它知道繼續叫囂是沒意義，它就停止。

「青山原不動，白雲任來去」，心靈故鄉就像蒼翠的青山一樣，始終是不動的，動的只是那起心動念的白雲。

別去想，只要看，看那雲朵來來去去也無法騷動不動的山巒。

外觀其形，形無其形

——念頭在哪裡消失，解脫就在哪裡。只要你不緊抓著念頭不放，它自然消失。

雲從遠處看是非常壯觀，感覺上簡直可以坐到上面，可是當我們真的進入到它裡面，幾乎什麼都沒有。搞了半天，完全沒有任何的實質。同樣的現象，我們如果深入去看一個念頭，一個情緒，追溯它的起源，一樣找不到具體的東西。這就是佛家說的「空性」。

念頭本身是空的，它的內部什麼原料都沒有。它存在是因為你的

認同。如果你不去認同，它會在那裡一陣子，只要幾分鐘，接著就散掉；情緒也是一樣，不管是憤怒、悲傷、懊悔……是你的認同給予它能量。如果你不再關注，它無法久留，很快就消失。

*

許多人試圖改善負面情緒和念頭，效果總是有限，原因就出在他們太認同了，那些情緒和念頭原本並無實體，然而如果你去認同，就等於給予了它生命，這將更難處理。所以，重點不在改善或處理，而在了解。

就好像你覺得有人跟蹤你，所以加快腳步，可是你跑得越快，影子就跟得越緊。你跑得多快都沒有差別，反正影子都會跟著你。所以跑快不是擺脫影子的方法，你必須深入地去看影子，當你停下腳步去好好將它端詳一番，你就會發現，影子只是一個假象，影子實際上是空的。

一旦了解它們之後，一旦看穿念頭只是念頭，念頭便不能傷害我們。一旦看穿情緒只是情緒，我們就不會被它們束縛，就不會產生惡性循環。

現在，當我發現腦子裡有負面的思緒時，我不會再去理會這些想法。我知道「這不過是一個想法罷了！」只要我不去注意，它們就會消散。坦白說，我有時還是會有負面思緒出現，不同的是，現在我知道那些不過是念頭而已。我不必因它們出現，便加以反應。

就像看電視一樣，當你轉換頻道，所有的畫面就只是掠過你的眼前。你可以決定是否要留在這個頻道，如果你不喜歡這個劇情，你不需要生氣，只要轉台就好。任何思緒被遺忘或拋開時，就表示它已經不存在你心中了。如果某事不存在你心中，它便不存在你的現實中，而你也不會受它影響，除非你再次去想它。

*

一般人平均每天約有五萬個念頭浮現又消失，這實在很驚人。每個念頭都是從一個極微小的念頭開始，這念頭逐漸擴大、膨脹，從一顆樹苗變成一棵大樹，然而無論你的感受有多強烈，多痛苦，只要你不認同，思緒開始如枯葉般凋落，當你不提供養分時，它就無法存在。

你見過靠自己而活的思緒嗎？不，它的存在是因為你的支持，任何負面的念頭和情緒若沒有你的支持也無法存在，你的合作是關鍵所在。

所謂：船過水無痕，鳥飛不留影。念頭在哪裡消失，解脫就在哪裡。只要你不緊抓著念頭不放，它自然消失。

放開心，大格局

——成為一個「沒有形象」的人，這樣是好的，因為任何形象都是給自己築牆。

形象是什麼？

當你出門，你會打扮，你會換一套衣服，配戴飾物，這個包裝就是你的形象；當你很生氣，但是你說話還客客氣氣，這個被裝出來的樣子就是你的形象。

形象是你偽裝出來的，它是一個表象，一個假面具，你並不想

微笑，但是當你遇到熟人，當客人進門，你必須微笑，這就是「形象」。你心裡也許在想：「好討厭，他沒事跑來做什麼？」但是你卻笑臉迎人，你說：「歡迎，歡迎，真高興見到你。」

形象是假的，形象是擺給人家看的，但當你長時間攜帶著這個形象，你會對它非常認同，因為一旦你的形象破滅，你對自己的認同也就破裂。你會是誰呢？你什麼都不是，所以人們會極盡所能的維護著形象。

*

有一個弟子做事常有不順，又時而出錯，總是遭到同門師兄弟的取笑，他非常生氣地向師父訴苦，請求師父幫他開解。

師父聽完，便哈哈大笑，揚長而去。

弟子回到宿舍，終夜不能成眠，又去找師父理論。

師父笑道：「你是否看過演滑稽戲的小丑？」

弟子恭敬答道：「有看過。」

師父：「你比他們還不如。」

弟子恐慌道：「此話怎說？」

師父道：「他們愛人笑，你卻『怕』人笑！」

為什麼你怕人笑，因為你攜帶一個形象，如果你沒有認同什麼形象，你可能害怕嗎？

當你說「我覺得好丟臉」，這個感到丟臉的人是誰？當你說「我覺得受到侮辱」，你的感覺是從何而生？是不是你認為你是「某某人物」，而有人破壞了你替自己建立的形象，不是嗎？

假如說，你是一個老師，然後某件事發生了，有人對你無禮，那麼，你會覺得受辱，覺得不受尊重。為什麼你會覺得自己沒受到尊重？你說：「我好歹也是老師，他怎麼可以用那種態度對我？他怎麼可以這樣對我說話？」

如果你沒有一個關於自己的形象，你會覺得受辱或覺得不受尊重嗎？如果你沒有一個認同的形象，你會覺得丟臉嗎？那是不可能的。

*

人們喜歡跟老同學、老朋友在一起的感覺，你可以很輕鬆自在、

即使朋友互相漏氣，或者開開玩笑，也無傷大雅，因為在你們認識之初，你「什麼都不是」，那時你並沒有形象，因而在面對他們你也就不必維護什麼形象。

我聽說有一位大師總是面帶微笑，不管人們對他如何批評或無禮，他都笑笑就過了，有人就好奇地問他，「你是如何辦到的？」

大師說：「因為我一無所有，因為我什麼都不是。」

成為一個「沒有形象」的人，這樣是好的，因為任何形象都是給自己築牆，每一個形象都會讓你「劃地自限」，讓你的格局變小。

所以，人家想笑，就讓他們去笑吧！你有什麼損失嗎？最多就是失去那個虛假的形象而已，有什麼好怕的？

無所求，好自在

——「尊敬」也許依對方的職位而定，但是「尊重」卻必須靠自己去爭取。

我很怕我們老闆，每當和他在一起，我就變得很不自在，為什麼？這是一位學生的提問，我想這也是許多人常遇到的問題。

當一位大人物、大老闆或是你的頂頭上司看著你，你就會變得緊張不安，變得不自在，原因出在哪裡？原因就出在你想得到他們的認同，你會顧慮：「我要怎麼表現才得宜，要怎樣才會讓他留下好印

象。」因為你是有所求的，所以當你越在意某人，那麼在他的面前，你就越不自在。

你注意過嗎？當一個佣人或你的下屬在看你，你可以很輕鬆自在，因為你對他們是無求的，你對他們甚至視若無睹，那樣又怎會不自在呢？

因此，去了解當你和某人在一起的時候，你心中在想什麼是很重要的。為什麼你在某些人面前會顯得緊張不安？為什麼你會覺得自己「矮了一截」？是不是你對他們有所求？你想得到些什麼，否則你為何「失去自己」呢？

＊

我自己也有這樣的經驗。記得有次，我和某位主任因病人和權責的問題起了爭議，他跑來找我。有一位同事聽了我跟他的對話之後，告訴我一些他的感受，他說：「通常你都是有話直說的，可是每次你跟他說話卻是『理直氣衰』，像洩了氣的皮球，為什麼你不跟他據理力爭？」

他的話真是一針見血。因為一開始，我就先將自己「矮化」，我想往後在很多方面都可能有求於他，所以才會這樣……

「老鼠眼裡貓就成了獅子。」經過一番省思之後，我明白自己應該怎麼做了。沒錯，他是擁有行政權，但他無權支配我在專業上的判斷和決策。「尊敬」也許依對方的職位而定，但是「尊重」卻必須靠自

己去爭取。於是，我決定主動去找他，去把自己的「權力」要回來。

自此以後，我們之間的互動關係就完全改觀。我開始堅守自己立場，他的態度也開始軟化。我突然領悟到，什麼叫「無欲則剛」、「人到無求，品自高」。

真的，無所求，好自在。如果你能一無所求，那又怎麼會不自在呢？

無欲無懼

——你害怕失去他，那是因為你害怕面對自己。

當你所愛的人變心，你會擔心害怕，但你可曾想過，你真正害怕的是失去他，還是害怕面對自己？

當你所愛的人離開你，你當然會感到難過，但你可想過嗎？你是因他的離去而難過，還是在為你自己而難過？事實上，你很可能是在為自己難過，因為當他離去時，你就必須孤獨的面對自己。

＊

有一個學生為愛所苦，她感到疑惑：「我和男友早已貌合神離，但我又害怕失去他，為什麼？」

我說：「你害怕失去他，那是因為你害怕面對自己。」

「害怕面對自己？」

「沒錯，當你執著任何人或任何事的時候，不論從哪個方面來看，你都是為了逃避自己。」

人為什麼害怕孤獨？因為當你自己一個人，你就必須面對自己的真相，你會發現自己竟是如此空虛、無趣、懶散、悲慘、焦躁不安，如此的不甘寂寞。所以，你需要有個伴，你需要有人陪，你怕失去所愛的人，其實都是為了避免面對自己。

＊

作家阿瑪斯（A. H. Almass）在《鑽石途徑》（Diamond Heart）一書中曾提出了所謂的「坑洞理論」，他說，每個人心裡都有感情創傷，這些創傷就像坑洞一樣，讓人覺得心少了一塊，空洞洞的，有不安及匱乏之感，因此，人們總要找一些他們自己覺得可以填補心裡坑洞的人，來讓自己依靠，讓自己不再是孤單空虛的靈魂。

按這個理論來說，人們之所以害怕分離，說穿了只是害怕面對自己的空洞；而當親密愛人離開或消逝，人們傷心難過，其實也不是因為那個分離而難過，只是因為自己的完整被破壞了，你是為了那個缺憾

而難過。更明白的說，你的傷感，並不是因為失去某個人，而是失去自己的一部分。

你不願面對自己，那麼當別人離去時，你也會失去自己；反之，如果你願意面對自己，當別人離去時你反而找到自己。沒錯，當你學會和自己在一起，並對自己感到歡喜，那個歡喜就沒有人能帶得走。

輸比贏快樂

——有時你覺得事情很難改變，有時你只要轉個念頭，就改變一切。

假如有人用東西打你，你一定會有反應，如果沒有反應，你就已經麻木了。同樣的，當面對別人對你的言行，你也一定會有反應。反應的本身並不是重點，重要的是反應的方式和本質。

比如說有人說你很「好騙」，你就不高興，你認為那個反應是來自那個批評，但那是錯的，它並非來自「那句話」，而是來自你的認

知，那是因為你把他解釋成一句侮辱的話。如果你不認為「好騙」是一句批評的話，你還會有同樣的反應嗎？

有人說你的不是，但你不認為那是「責罵」，而是「關心」，他是在「教導」你，你還會生氣嗎？所以，惱怒我們的並非他人的言行，而是我們對那些言行的解釋。

當有人說你「很可愛」，你覺得那是肯定你，是一種讚美，你就會覺得很高興。但如果你有不同解釋，你認為他是在說你幼稚、不懂事，你就會不高興，對嗎？

有人說你「很龜毛」，你很生氣，因為你認為那是說你「吹毛求疵」；但是如果你認為那是說你「對自己要求很高」「很完美」，這時，你還會生氣嗎？

我們必須瞭解，所有外在的事件都沒有任何情緒成份。所有外在事件原本都是中立的，直到你在心裡產生反應與情緒。你如何經驗某這件事，是要看你對它的解釋。換個解釋，結果就完全不同。

*

曾在車上的收音機裡，聽到一位媽媽打電話到電台去分享她的教育心得。大概是這樣，她的兩個女兒是雙胞胎，目前都是五歲，由於老二反應比較靈敏，平常在遊戲時，老大經常輸給老二而沮喪哭泣。

於是媽媽就找一個機會問大女兒，「如果妳贏，妳會不會覺得高興？」女兒回答：「會呀！」她又問：「如果妹妹贏了，她是不是也

會高興？」女兒回答：「是。」媽媽最後很有智慧的告訴她：「所以，自己輸了等於給別人帶來快樂，這是一件值得喜悅的事，為什麼要哭泣？」

第二天兩人又玩打牌，老大一連輸了三次，這回她竟不再哭泣了，反而說：「沒關係，我輸了會給妳帶來快樂。」

「輸比贏快樂」。的確，輸了之所以會痛苦，是因為我們執著於只有贏才快樂，一旦換個解釋，即使輸了也變成快樂的事。

＊

你也可以用同樣方法重新框視任何事。比方，你可以把別人利用你，看作是看重你；把責罵你，想成是關心你；把可恨的人，想成是可悲的人；把令人討厭的人，想成令人同情；把被人欺負或被人騙，想成是前輩子欠他；把危機看作是轉機；把磨難當作是上天的考驗。當我們用一種新視野去看事物時，我們會對原先可能詛咒的事物變得感謝。

有時你覺得事情很難改變，有時你只要轉個念頭，就改變一切。只要你懂得改變認知和解釋，你也改寫了所有的人生經驗。

澄心凝思

人生如戲

——不去認同就不會有糾纏，保持超然就不會有混亂。

相信許多人都有看電影或電視被感動的經驗。我們常聽人家說：「那部戲真感人，讓人忍不住落淚。」、「那劇情真恐怖……嚇得我全身冒冷汗……」

你知道得很清楚，銀幕上什麼東西都沒有，它只是一個銀幕，就只有影子在上面移動，銀幕是空的。但是當銀幕上出現一些悲劇，你就

覺得難過，你看著別人悲歡離合，你就感動，你看到有人哭，你也開始流淚。這是怎麼回事？

因為在那個時刻裡，你把影片變成了你的真實世界，劇情好笑，就跟著笑；劇情悲傷，就跟著哭，你投入了情感，對裡面的角色認同，甚至成了「影中人」。

*

我曾經看過一個人，因為太痛恨電視劇情中的某個人物，拿東西把電視砸爛，結果手也掛了彩。我問他說：「你在做什麼？這又不是電視機的錯。」

他說：「我實在是氣不過。」

我也聽過，有人因自己所支持的球隊輸了球，而氣得把電視機砸在地上。

如此的認同，那些不過是一些照片，光和影子，加上一些聲音。注意看，在銀幕上並沒有真實的生命，並沒有真實的事情在發生。但是你的情緒，你的氣憤，你的眼淚卻是如此的真實。你的心就是這麼運作的。一旦你去認同，那些儘管假的，它們也會成真。

每個人心中都有類似的空白「銀幕」，就像電影或電視的銀幕一樣，把影像和劇情投射到意識的銀幕上。這些影像和劇情成為你人生的電影，成為你每一刻的經驗，成為你所謂「真實人生」。

＊

事實上，整個人生就是一齣大戲。那個舞台很大，但它是一齣戲，你本身也在觀看自己的表演，你既是演員又是觀眾。

你可以這樣試試看：將生活中每一件發生的事情當成劇情，將每一次表現看成一個表演。你悲傷，你作出悲傷的表情，但是你不必跟它認同，你只是在表演。你生氣，但你知道那只是在表演，你跳脫出來。然後看，在你跟「劇情」之間創造出一個距離。不管它是好的或壞的，快樂的或痛苦的，你都盡可能保持跟它遠離。看著它，就好像你在看一個影片。

任何發生的事都是發生在戲劇裡，不論什麼思想經過你頭腦的銀幕，只要成為一個觀看者；不論有什麼情緒經過你心的銀幕，只要保

持一個旁觀者——不要涉入，不要與之認同，不要評論，保持超然，這樣就不會隨著劇情陷入混亂。

是的，當你把人生演出當成生命的全部時，你就是在「迷」的狀態，就像沉迷於電視的劇情一樣；當你明白你是在演出，你就進入「悟」的境界。

只要藉著將世界看成一個心理劇，看成一齣戲，你就打開新視野，當你明白你是在演出自己的一生，你就能放下執著「遊戲人間」，那你就開悟了！

畢竟，這只是一齣戲，不是嗎？

無我即佛

——別人之所以是別人，那是因為你非常執著於自我。

有一位弟子問師父說：「什麼是佛？」

師父答道：「你就是佛。」

「我只是凡夫俗子，哪敢自居是佛呢！」

師父解釋說：「這是因為你有一個『我』的觀念，有了我執而不能超脫，所以你不知道自己是佛。」

弟子不懂再問：「因為我有了『我』的緣故，所以不自知是佛。那麼，請問師父：你呢？你也是佛嗎？」

師父笑答：「有『我』已經不是佛了，再加上有一個『你』，那就更不是佛了！」

*

有「我」，就會有「你」；有中心，就有邊界。一旦這個「我」被認定，你會以「我」為中心劃出一個界線，那個在界線之外的是「你」，是別人，別人變得很清楚，那就是分別心的由來。

你會開始區分：「這是我的，這是我的學校，我的宗教，我的房子，我的國家」，相對於我，就是別人。這是你家，那是我家；這是

你們班級，那是我們班級。只要在房子築一道牆，你我就劃分開來，只要在土地上劃一條線，一分為二，這塊土地和那塊土地的人，就形同陌路；這邊國家和那邊國家的人民，就水火不容。

事實上，從太空俯視地球，根本看不到地表任何國家之間的疆界，那疆界都是人去劃分的。別人之所以是別人，那是因為你非常執著於自我。是自我創造出了你我。畢竟這個地球不是你的或我的，它是我們的。

我們是一體的，破壞你的世界，我的世界也無法倖免於難。如果我們能朝這方向去思考的話，很快你就會發現你我和世界都是一體的。

＊

有位禪師，有個弟子長年服侍他，卻沒有得到他的教誨。

有一天，禪師聽到身後有腳步聲，就問道：「是誰啊？」

這個弟子答道：「是我。」

禪師趁機說道：「要是這個『我』對你是那麼珍貴，就把『我』擴展到無窮無盡；要不然，就把『我』完全拋棄。」

禪師的弟子立刻領悟過來，向師父深深一拜。

把「我」擴展到最大，即是大我；而把「我」完全拋棄，即是無我。

當「我」消失，「你」也就消失了。你無法使別人消失，你只能夠使自己消失。而當你自己消失，那麼就沒有別人，大家都是一家人。

如果你的就是我的，四海一家，那有什麼好爭執計較？如果你能在你身上看到我，在別人身上看到自己，如此一來，你還會去傷害誰？

當自我不見了，佛便現身。是自我把佛隱藏在烏雲中，當烏雲散去，太陽的光輝自然照耀大地。

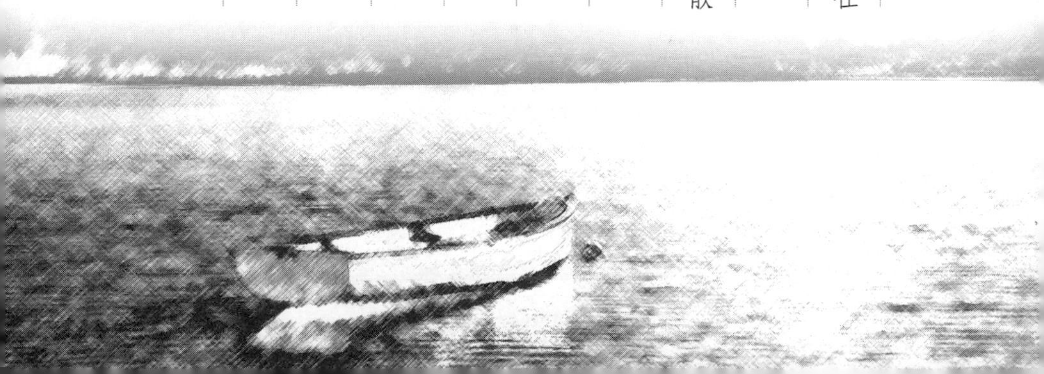

苦與樂，一念之間

——銀牌也許比較光榮，可是銅牌更令人快樂。

學系裡有位所長榮升，所以職位空了出來，「高層」正考慮由一位年輕教授接任，也找他談過，因為他表現相當傑出，然而沒想到，後來人事發佈，這個職位竟由一位外派的學者接任。

師生雖替他覺得惋惜，但也認為此舉已是肯定這位年輕教授的能力了，但真是這樣嗎？不，這位教授覺得很難接受，甚至準備離職。

各位知道原因何在嗎?原因就出在「得失心」,因為「只差一點」,那個距離非常接近,所以產生的挫折也就越大。

我帶過的兩個學生,前陣子他們一起到學校應徵教職,結果一個通過,另一個沒通過,沒通過初審的那位學生雖然失望,但隔幾天也就忘了。而那位通過的同學就不同,他滿心期待,後來在得知複審沒有通過時,我見他整整有好一陣子心情都難以平復。

這也是「只差一點」的心理,對嗎?人真的很怪,本來無望也就沒什麼好失望,但是一旦燃起希望,那原本的「奢侈品」就成了「必需品」。

*

那些參加比賽，第二名的往往比第三名更感到失落，因為第三名會覺得自己還好能進入前三名，而得第二名的就完全不同，他會覺得自己原本有機會第一名的，結果卻……這就是「只差一點」的認同失落。

「銀牌也許比較光榮，可是銅牌更令人快樂。」社會心理學家麥德賽克（Victoria Medcec）曾在一九九二年巴塞隆納夏季奧運做觀察。他發現那個拿銀牌站在紅地毯上邊想邊生氣，氣自己只差零點幾秒就可以得到金牌，但這時銅牌得主顯得高興極了，因位他很高興自己能得到獎牌並能名列運動年鑑，而銀牌得主認為自己錯失了第一名而希望落空。

曾經有機會得獎，或者是被提名然而卻未獲獎的人，應該都有很深的感觸。就是當知道結果之後，整個心情掉了下去，甚至比沒被提名時更加失落。

*

人就是太認同了，原本不屬於你的東西，為什麼「只差一點」時，就認為非你莫屬，像獲獎、摸彩、簽彩券、分家產、公司分紅、職位升遷、買賣簽約、一段戀情……本來沒「這回事」的時候，你不也好好的，為什麼錯失掉，就變得挫折沮喪？許多事情在「不知道」之前，本來也就不存在的，為什麼「知道」之後，就一定要「得到」？最糟還不是跟以前一樣，何必患得患失？

痛苦和快樂的距離其實很近，它們也是「只差一點」，就看你願不願意退一步。

永恆的存在

——當他不在的時候，你會發現他才真正跟你在一起。

如果牆上的時鐘整天都一直在滴答滴答響，你就不會覺知到它的存在，但是如果有一天突然停止，你將會立刻覺知到。如果你父母或伴侶整天都嘀嘀咕咕，你一定會把它當耳邊風，但是當哪天他們突然不說了，你反而會記起他們說的話。

有個朋友曾追憶道，在他母親死後，已歿的母親比他生前在世時，

顯得更加舉足輕重。「當她在世的時候，」朋友說：「她凡事總要叮嚀再三，我老嫌她煩，而今她走了，沒有人再這樣叮嚀，突然很懷念她。」當「唸」你的人不在了，你反而會「念」他們。

*

如果你掉了一顆牙齒，你的舌頭就會伸向那個不存在的牙齒，以前它根本不會察覺那顆牙齒，牙齒在那裡但就跟不存在一樣，而現在它不存在，你才發現它的存在。你和親密的人的情況不也一樣，當他們還在的時候，你常視若無睹，你不會想他們，但是當他們不在，你就開始會去想。

你自己難道沒有經驗過這樣的事嗎？如果你所愛的人離你很近，你

就會忘掉他們，當他們離得很遠，你就開始想他們。他們離得越遠，你想他們就想得越厲害。

當親友死亡時，仍健在的人常會想起他們在世時的點點滴滴，那個身影會一再浮現。你知道「他已經不在了。」但是當你說他不在時，他們是「不在」嗎？不，他們已經存在你心裡了，你反而感覺到他的存在。

*

現在你看著這本書，也看到這本書的內容。請你閉起眼睛來，你心中是不是還記得這本書和它的內容？如果記得的話，那這本書就已經存在你心中，反之，如果你看都不看，那即使它一直都在，也等於不

存在。

事實上，當一個人已經不在，你還能感覺到他，那才是真正的存在，如果你無法感覺他的存在的話，那他壓根就不曾存在。

你的父母、伴侶、孩子每天都在你身旁，但你有真正注意到他們的存在嗎？

當時鐘滴答滴答響時，不要覺得厭煩，有一天突然不響了，你還會懷念它。當你跟所愛別離，不要憂傷；因為當他不在的時候，你會發現他才真正跟你在一起。

記住，要多珍惜還在你身旁的人，別太憂傷那已離去的。

執著

——我們因執著不可能執著的東西，而經驗到一切的痛苦。

你觀察過天上的雲嗎？你注意看，有時候雲的形狀就好像一朵花，然後它開始改變，變成一棵樹、一頭牛、一條魚；如果你執著於花的形狀，你當然會很挫折，因為不久花就消失不見，變成其他的東西，這是雲的本質。

生命也是一樣，一直處在「變化」的狀態，情人會變心，事情會變

卦，健康會變化，昨天還在的人，今天可能就不在，一切都不停的在變，在生命中沒有什麼是不變的。

*

然而問題就出在，我們都習慣以「習慣」來看待周遭的人事物，因而當變化發生，人們就視為災難，並將它轉化成了控制喜樂的執著。得到就笑，失去就哭，那就是為什麼我們的心總是紛紛擾擾，因為世事本來就變化無常，每一樣東西都在改變，如果你很執著，心又如何平靜呢？

人心之所以不安，就是把自己寄託在那些不穩定和不真實的東西上。你把房子蓋在流沙上，卻渴望一個永遠安定的窩。這可能嗎？

人之所以痛苦，也是太執著於那些終將失去的東西。不管你得到什麼，失去是早已經注定的。因為所有東西都屬於「得」與「失」的過程，所有人都屬於「來」與「去」的向度，失去是這個過程和向度中必然的結果。如果我們無法看透，那就不可能終止苦難。

＊

當你痛苦難過的時候，你注意過嗎？你一定是跟「真相」在對抗，因為你不願接受那個事實，所以痛苦難過，對不對？

你以為只要擁有，就永遠不會失去；以為把孩子養大，孩子就會奉養你；你以為只要對人好，人家就會回報你；以為愛你的人，就會永遠愛你；你以為在你身邊的人，會永遠都在。這些都是妄念，把自己的期待和欲求，投射在這個變化無常的世界裡，還指望世界會依照你的想法運行，這不是自討苦吃嗎？

沒錯，我們因執著不可能執著的東西，而經驗到一切的痛苦。「真相」從不會令人挫折難過，人之所以挫折難過都是因為我們將自己的幻象強加在真相之上。

人會變，事會變，物會變，世上所有的一切就像雲一樣，是無常的，所以不要去執著，不要給自己製造出難題。當雲是一朵花，很好；當它變成一棵樹，那也沒關係，何不順其自然，當風吹起，就跟著風兒一起搖擺；當下雨了，就在雨中跳舞！沒有執念，不起紛擾，如是雲淡風輕。

人常說：解脫難。其實解脫並不難，只要你肯放下執著，當下就解脫，不是嗎？

不比較，不計較

——如果你總是期待以前的快樂，那你現在當然會不快樂。

人因愛比較而事事都變得愛計較，計較多了，彼此的心結也就多。

你去看一個公司，大家如果分配一樣的工作量，那就沒問題，但是如果分配不公，有人就會開始計較。為什麼？因為比較。

再去看一個家庭，如果父母對子女是公平的，一家人也就沒什麼好計較，但是如果有人被關照的比較多，或是有人比較少，問題就來

了，大家就會開始計較。

跟朋友在聊天，如果有人告訴你，她丈夫會賺錢又體貼，家事都是他在做；或是有人告訴你他太太多麼開明又賢淑能幹，然後你又會開始比較，你會拿自己的先生和太太去比，之後你對他們就會越來越計較。

*

人真是夠了，什麼人都可以比，跟別人比、跟同學比、跟同事比、跟朋友比、跟家人比、甚至連夫妻彼此都在比，如果現在沒得比就跟以前比。

聽聽夫妻之間的對話，妻子不斷在說老公不像以前那樣愛她，丈夫也在抱怨老婆越來越煩：「以前她會稱讚我，現在只會批評我。」「以前她說話都輕聲細語，現在就像母老虎。」太太聽了也滿腹牢騷：「以前，他總是對我很好：他會陪我逛街、看電影，現在什麼都沒有。」「他可以為我做牛做馬，但現在卻是我在做牛做馬。」他們一直在比，比以前、比現在，比自己付出多少，以致彼此變得越來越斤斤計較。

同是一家人若真的要比，那不是沒完沒了嗎？

我認識一位朋友的妹妹，就是因為愛比較，結果和婆家鬧得很僵。她剛嫁到先生家時，原本大家相處也還不錯，婆家因為她是新人，所以對她呵護備至，幾個月後，大家想她已經熟悉環境，就沒再花那麼多心力關心她，可是她卻開始懷疑大家是不是故意冷落她，從此對婆家的態度也變得冷淡，導致和婆家相處間有許多心結。

她沒有想過，現在的她和半年前已經不同，卻還停留在半年前。以前是以前，現在不是以前，這要怎麼比？如果你總是期待以前的快樂，那你現在當然會不快樂。

＊

是聖嚴法師說的吧！我們每個人都應該信兩種教，那就是不比較和不計較。

這話說得真好，人就是計較太多因而快樂變得越來越少，這真的很划不來。如果你真的要比，就應該去比誰比較快樂，那樣才對。

因為當你是快樂的，你就不可能跟人計較。

擁抱選擇

——重要的是，你怎麼看那個選擇。是看向「想要的」，還是看「得到的」。

人生有很多選擇，但結果卻只有兩種，一種是滿意，一種是不滿意。

一般人多半認為，會覺得滿意的人，一定是選擇到自己「想要的」，所以滿意；但實際的情形並不是這樣，這是我的觀察，很多人的不滿反而是得到「想要的」。

怎麼說呢？我們就拿工作和婚姻來說吧！你目前所做的工作和伴侶（戀人），你覺得滿意嗎？如果不滿意的話，那請問，這工作和對象當初不都是你自己「想要的」嗎？既是自己要的，現在為什麼會有那麼多不滿？

反過來看，有一些工作或交往對象，也許送給你都不要，但是有人卻覺得非常滿意。為什麼？

這其中的關鍵就在前者是「想要」得到，後者是「得到」想要。表面上似乎只有很小的差別，但那個差別是非常大的。如果你是「想要」得到，那當你得到之後，自然會「想要」更多，你會有更多的期待；反之，如果你是「得到」想要，那你就不可能不滿，因為你已經

「得到」了，不是嗎？

*

有位朋友最近買了一棟房子，當他拿到新居的鑰匙，真是高興極了。對於長期擠在一間破舊小房子的他來說，能換這間新居，全家人都非常滿意。然而，沒過多久，當他發現所有鄰居的房子都裝潢得富麗堂皇，進出都是高級轎車，從此他再也高興不起來，而且變得越來越失意。

他住的還是同一棟房子啊，為什麼之前的喜悅突然不見了，原因出在哪裡？原因就出在，之前他是「得到」想要的，所以很滿意，而今呢，他卻「想要」得到，他想得到更多，自然也就越來越失意。

這種情況非常普遍，像是到同一個地方遊玩，有人覺得好玩，有人卻覺得無趣；待在同一家公司，有人覺得很好，有人卻覺得不好；擔任同一個職務，有人覺得高興，有人卻不高興；住在同一棟大樓，有人覺得滿意，但有人卻處處不滿；遇到同一件事，有人覺得感恩，有人卻覺得感慨：關鍵在那裡？關鍵就在我們看事情的角度。

*

一個人失意與否，跟你擁有什麼其實關係不大，重要的是，你怎麼看。是看向「擁有的」，還是看「沒有的」。是擇你所愛，還是愛你所擇。如果你能「愛你所擇」，那你怎麼可能失意呢？

一個人對生活滿意與否，跟你選擇什麼也關係不大，重要的是，

你怎麼看那個選擇。是看向「想要的」，還是看「不要的」。如果你懂得欣賞、感恩你所得到的一切，你自然會去喜歡它、接受它、享受它，在它裡面感到高興，這樣的話，你對生活又怎麼可能不滿呢？

舒心滿懷

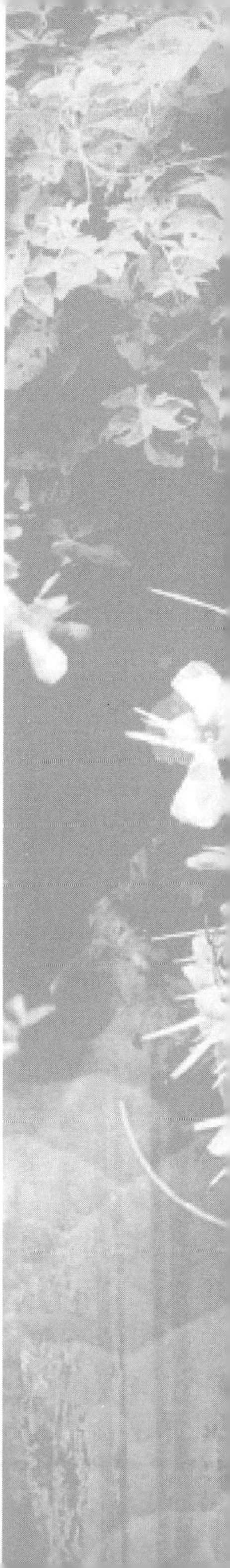

本來無一物，何處惹塵埃

——當這些你所認同的一切被拿掉之後，你還知道你是誰嗎？

人們一輩子所致力的目標就是擁有更多，當一個人「一無所有」，對自己也將「一無所知」；當你失去了認同，當周遭沒有任何屬於「你的」東西，你將說不出「你是誰」！

所以你去看，到處都是想發財、爭排名、搶位置的人，某些人正爬在通往權力的階梯上；某人拼命地在累積金錢；某些人則追逐在其餘

一些不同的事物上面，但他們的目標是一樣的——「被認同」。

在你眼中你知道你什麼都不是，所以你必須在別人眼光裡證明你自己，你必須在別人印象裡創造出一個形象說你是某某人物，你並不是無名小卒，所以你不斷力爭上游。

你害怕別人認為你是貧窮的，你沒有名牌的衣物、氣派的房子、和豪華的車子，然後你就開始走向這些東西。當你累積了很多東西，別人就反映出你變得越來越富有。你的權力和聲望越增加，別人就越尊敬和肯定你，你喜歡這種認同感，所以你總是想擁有更多，還要更多。

擁有之後又怕失去，那是一定的，而失去又是必然的結果，那就是

為什麼當你擁有越多就越怕死，一個窮人沒有太多可以失去的，而富有的人非常恐懼，他們當然害怕：「如果這些都消失，那我將會成為什麼？」當這些認同被拿掉，那我是誰？整個生命將變成一場空。

*

每當你孤單一個人的時候，會有一種奇怪的感覺，這麼多年以來，你以為自己是某個人，突然間在你一個人的時候，你不是自己所以為的那個人。每當你隻身在異地，你會有一種陌名的恐懼感，失去了那些你所認同的東西，你突然失去了自我。這樣的虛無讓你感到害怕：那你是誰？

人們對死亡的恐懼就是這麼來的。所有的一切在你死亡時，你都得

放掉；包括你的身體、你的名字、你的家人、房子、車子、工作、職位……在放掉的當下你將領悟到，所有的認同都是虛假的，它們都是短暫的，它們遲早都會失去。

你是孤單一個人來的，你來的時候一無所有，你不知道自己是誰？到哪一天你要走了，你也將孤獨一個人走，你同樣一無所有。

試問，當這些你所認同的一切被拿掉之後，你還知道你是誰嗎？

是痛非痛

——人生的痛苦有九成以上都是因為認同身體而來的。

佛教有一個寓言故事，大意是這樣：

有一位出家人坐在石窟裡面，盤腿靜坐，就在他要入定時，耳畔突然傳來吱吱喳喳的嘈雜聲，仔細一聽，原來是四隻動物對於世界的痛苦，正在進行一場激辯。鴿子先說：

「俗話說：人為財死，鳥為食亡。像我們鳥類每天為了覓食，要展

翅飛翔數里之遙，甚至要越過海洋，飛躍山巒，才能找到食物裹腹。有時找不到食物，就要忍受饑餓之苦。因此世界上什麼最苦？求不得的貪婪欲望最為痛苦。」

鴿子才說完，盤踞在樹上的蛇發了話：

「貪欲固然痛苦，但是我覺得憤怒更嚴重。像我們蛇族伸著長長的蛇信，固然能嚇走人類走獸，保住地盤，但也因如此，讓自己飽受怒火之苦。」

牠們相繼發表完高論，一隻剛失掉獵物的狐狸垂頭喪氣地走過來說：

「我認為懷疑最為痛苦。像我們狐狸生性多疑，不但交不到朋友，

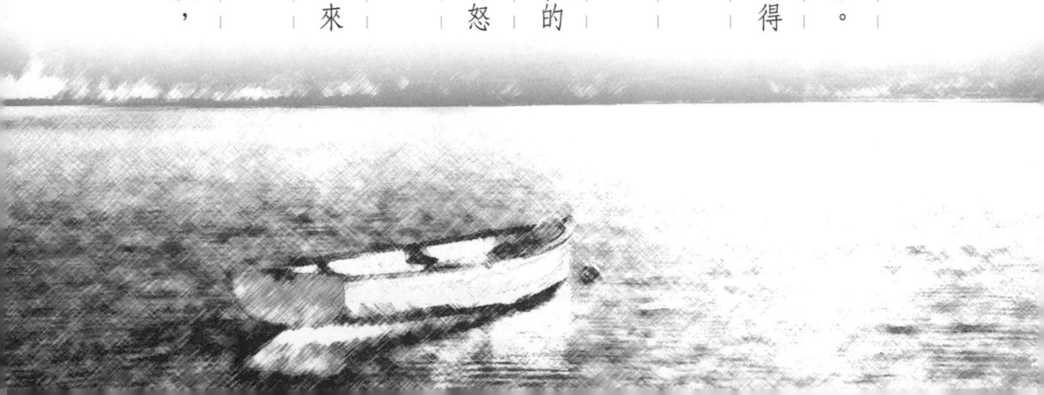

而且每天想東想西，也常常讓我們失眠睡不好。」

在樹上的猴子聽完，並不同意，牠說：

「你們都錯了！在我看來，你們的煩惱都微不足道。我們猴群看似逍遙，其實每天都要擔心獵人的捕殺，這種恐懼比什麼都可怕。因此，恐懼才是世間最痛苦的事。」

四隻動物你一言、我一語，彼此堅持自己的看法，誰也不相讓。禪坐中的出家人被吵得無法安寧，只好出來對著四隻動物說：

「各位仁者！你們對於痛苦的認識都不夠徹底，只看到了枝末的問題，其實身體才是一切痛苦的根源。」

為什麼要吃？為什麼要佔地盤？為什麼失眠睡不好？為什麼怕死？

不就是為了身體嗎？

＊

各位想想，因為有身體，所以每天要奔波忙碌，養家活口；要為它添購衣物，還要為它裝扮；頭髮白了要染髮，牙齒掉了要裝牙，皮鬆掉了要去拉皮；生病了，要去診療，衰老了，要延續青春……如果你認同身體，你等於認同短暫、無常的東西，你絕對會受很多苦。如果你太認同身體，你會遭受到死亡之苦。

是的，人生的痛苦有九成以上都是因為認同身體而來的。

心的本質

——當擾人的念頭和情緒生起，唯一的方法就是讓它們自然揭露。

人們否定負面情緒，而肯定正面情緒。但是否定情緒是沒用的，情緒非好也非壞；同樣的，許多人否定負面思考，而肯定正面思考，那也是不需要的。思考非善也非惡，你要做只是不認同，那就夠了。

你不必抗拒思緒的存在，如果你排斥它，那仍然是思想的範圍，即使你努力控制也沒有用。如果你說：「我不要再去想那個人，我一定

要把那件事忘掉。」現在還繼續想的人是誰？就是抗拒的那個人，對嗎？

一個生氣的人可以決定說：「我以後永遠不要生氣。」可以繼續壓抑憤怒。然而壓抑憤怒，有一天他會累積更多的憤怒而變得無法控制，他會爆發。如果他沒有壓抑，他或許不會那麼生氣。現在他大發雷霆，因為他試圖不要發脾氣。

那憤怒只是轉向，一開始你是對別人，現在你是對自己生氣。然後原本單純的生氣就轉成憤恨。憎恨是從憤怒而來，當你討厭一個人，你會很氣，但它是短暫的，它來了又去，但是當你壓抑憤怒，那氣就會轉化成恨，它會流入你的血液，成為身體的毒素。

那就是為什麼我一再地提醒，不要試著去跟思緒抗爭，不要去壓抑，如果它們來臨，就讓它們來臨；如果它們走掉，就讓它們走掉；不需要糾正念頭或情緒：「這是對，那是錯。這是好，那是壞。」重要的是去了解這一切都是自然。當擾人的念頭和情緒生起，唯一的方法就是讓它們自然揭露。不要試圖控制或沉溺其中，給予它們重要性只會令它們更真實。

＊

有些接受心靈持修多年的人常有疑惑：「我已經修這麼久了，為什麼情緒還無法掌控？為什麼我的心還是無法平靜？」這問題顯示人們誤解了心的本質。無論我們在修行上多精進，心智的自然反應都是不會停止的，這就是心的本質。持修是為了超脫，而不是要去除它們。

世界各地真理的找尋者已經察覺到這種現象，因為他們經常對抗那些「思緒的惡魔」。但是透過抗爭你會去注意，那個注意是一種滋養。如果你給予「惡魔」注意，它就會成長，變得更有生命力。藉著對抗你只是耗散能量，你會變得更混亂，那你怎可能超脫？

*

我們無法停止念頭和情緒，就像我們無法終止世界看似順境或逆境的情境。所以，與其去改變或控制讓事情更複雜，不如去接受體驗生命；與其抗拒負面情緒，不如用它來深化心靈的修為。

事情就照它們本然的樣子存在，你只是看。憤怒來臨、貪婪來臨，

然後它們經過，它們來了又去，你只是在看，你不抗拒，所有念頭和情緒就按照它們本然的樣子存在。你不給評價，只要像一面空的鏡子一樣地看，不論什麼東西經過，鏡子就反映。

不要去想，不要判斷，不要譴責，不用去拋開，不累積任何印象，像一面鏡子，儘管有許多影像，鏡子仍舊保持潔淨。一旦你看清心的本質，祥和就會出現，一旦你不去認同就是超脫。

同心圓

——是第三輛車撞到他，才使他撞上你，你還會對他那麼生氣嗎？

你丟一顆石頭到池子裡，水波會向四周蕩漾開來。當有人生氣時，憤怒的波動也會以「同心圓」的方式向旁邊擴散開來，任何經過身旁的人，只要是敏感的，都可以感覺到那個情緒的波動。而很自然地，你會把那個波動解讀成好像是衝著你而來。

比方，你的主管早上出門前，跟家人發了一頓脾氣，到了上班氣還

沒消，此時剛好有一個同事從他面前經過，跟他打招呼，他卻愛理不理，於是這位同事的心情就受到影響，「他為什麼對我擺一張臭臉，他是在生我的氣嗎？」然後，你剛好有事去找這位同事，他卻一副不耐煩，說話的口氣也不好，「跩什麼跩，真是氣死人。」你回到座位後越想越氣，接下來你的情緒很可能也會受到影響，甚至波及到靠近你的人。

追究原因，你會說你之所以生氣是因為那位同事，而那位同事則會認為他生氣是因為主管，那位主管生氣是因為主管的太太，主管太太生氣是因為小孩，如果你繼續追究下去，小孩生氣是因為他沒睡好，而他沒睡好是因為隔壁的鄰居太吵……。

*

認清一個人言行背後的事實是最重要的。很多時候，別人對我們沒有好臉色，對我們說話不客氣，可能是他遇到某些麻煩或是倒楣的事。我們都有過這種經驗，情緒不好的時候，即使是一丁點小事也會觸怒我們。

以三車連環車禍為例，大家就容易理解這個道理。如果你的車尾突然被一輛車撞上來，你當然會怒氣沖沖找這輛車的駕駛議論。可是當你知道，是第三輛車撞到他，才使他撞上你，你還會對他那麼生氣嗎？

所以，如果有人給你擺臉色，真的不必太介意；他對你說話的口氣

變差，說了一些觸怒你的話，也不必去當真。別人所說、所做的每一件事，很少是直接針對你而來，他很可能也是受到別人的影響，你只是進入那個同心圓罷了。

結果論

——你已然事先有了結論，你只不過是尋找更多的證據來支持你的結論。

人非常主觀，但是很少人意識他們的主觀性，每個人都繼續將自己的主觀投射到客觀的情況上。

比方，有些人你覺得討厭，但你注意一下，你討厭的人也有人喜歡；有些事你認為是不對的，但或許別人卻認為那沒什麼不對，為什麼？因為每個人都是主觀的。

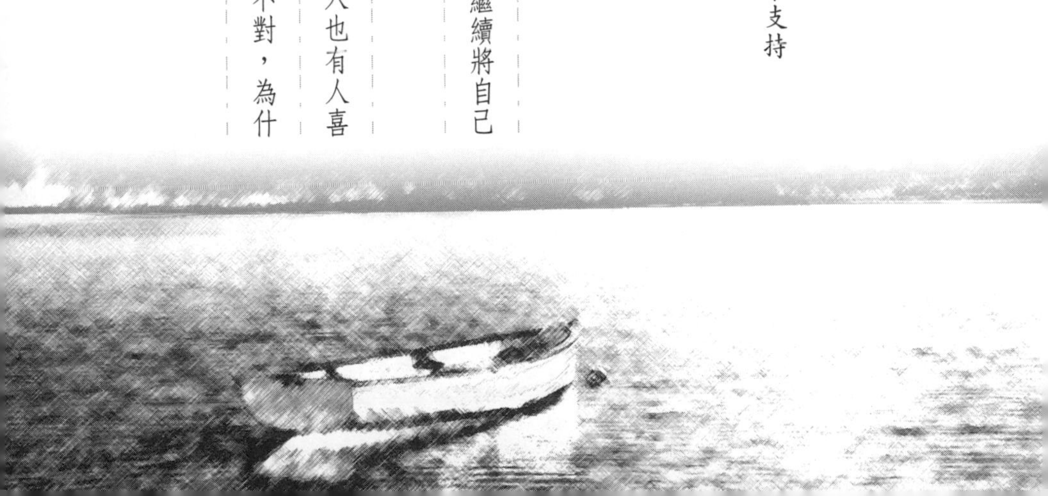

當朋友告訴你說：「我老闆如何如何，我婆婆怎樣怎樣。」你就會當真，因為你是主觀的。但事實真是這樣嗎？那也未必，如果你去問其他人，他可能會告訴你，「才不是這樣。」因為他也是主觀的。

＊

我們並沒活在同一個世界，每個人都活在自己的世界，不同認知就活在不同的世界。當兩個人生活在一個屋子裡，就表示有兩個世界進入這房子，房子有足夠的空間可以容納兩個人，但是沒有足夠的空間可以容納兩個世界。那就是為什麼人們常說：清官難斷家務事。因為每個人都是主觀的，結果公說公有理，婆說婆有理，你能說什麼？

最近一位朋友因婆媳的問題跑來找我幫忙，我直接告訴他：「我無能為力。」因為我了解那是怎麼回事。

媳婦說話比較直接，婆婆很不高興，如果先生說：「她不是有意的，她只是說話比較直。」婆婆就怪兒子護著太太；太太不高興婆婆指導自己如何烹飪和做家事，如果先生說：「別想太多了，媽媽只是想跟妳分享她的經驗。」太太則會抱怨丈夫偏袒婆婆。像這樣，大家都那麼主觀，我能說什麼？

我是主觀的，你也是主觀的，我們自然無法看到真正的事實。當婆婆的說一套版本，媳婦說的是另一套，如果你去問先生，他可能還會有另一套版本。那要相信哪一套？

家人相處久了，彼此的成見也就多，而當大家對彼此都很主觀，又

如何「單純相處」？你已然事先有了結論，你只不過是尋找更多的證據來支持你的結論，這樣問題當然是「無解」。

*

當有人在跟你「論人是非」的時候，你沒有注意到嗎？每個人都認為錯的是對方，而對方也認為另一方不對。「沒有人有錯」，請問，你能幫什麼？

所以，我最不想去管別人的家務事，也沒辦法管。對某個人來說，我可能是對的，但對另一個人來說，我可能是不對的，我還是我，每一個人都在投射他自己主觀的想法，要去論斷誰是誰非，最後必落得「裡外不是人」，何必呢！

讓高牆倒下

——如果你真的希望沒有衝突，你必須廢除心中所有的權威。

「無知」的人很難溝通，他們非常執著於自己的觀點和立場，因為如果觀點被推翻，他也就被推翻，那將會暴露自己的無知，所以不論立場是什麼，他都會很堅持。

而「有知」的人就更難溝通，因為他的腦袋已經塞滿他自己的觀點和想法，要怎麼溝通？他早已築高了牆，要想進入何其容易。

*

你可以注意一下你房間四周有什麼，有天花板、牆壁、地板，對嗎？那當你要往外看時，你的視線是不是會被這些東西所遮蔽。當你非常認同你的觀點、思想和知識時也是一樣，也等於是把心都遮蔽了。只要你有立場，這些你所建構的「牆壁」、「天花板」會壓縮你心的寬度和氣度，你心胸當然會越來越窄。

你去看看，那些立場分明的人，他們聽得進去別人的話嗎？一個早有立場的人無法聽，一個有政黨立場的人無法聽，一個有宗教立場的人也無法聽，要怎麼聽？如果你認為自己所相信的是唯一的真理，那你怎麼可能聽進其他的教理；如果你認為自己有道理，那你就不可能

聽進別人的道理。

這就是為什麼人與人之間會有那麼多的衝突、對立。當你信了某個教，而他信另一個教，你們就會對立；當你支持這個黨，而我跟你不同，我們就會有衝突。

我就以台灣現在「壁壘分明」的政治來說，像「藍」或「綠」，「統」或「獨」這不都是立場問題嗎？有了立場，就會對立，於是產生統獨之爭。統有統的理由，獨有獨的理由，每個理由都說得頭頭是道，那這理由是怎麼來的？是因為先有了立場，而後找理由支持自己的立場，最後就變成是非不分，非黑即白。

*

這道理用在人際間，或是在婆媳關係、男女關係中也是一樣，當每個人都有自己的立場，要如何溝通？你怎麼可能跟一個抱定一己之見的人說話呢？那就好像對一面牆壁說話。

你想想看，當大人有大人立場，小孩有小孩立場；老闆有老闆立場，員工有員工立場；婆婆有婆婆立場，媳婦有媳婦立場；這樣的情況下，大家可能將心比心嗎？

整個位置你都站滿了，那別人要站在哪裡？如果你總是站在自己的立場看問題，那不出問題才怪。

克里希那穆提說得對：「如果你真的希望沒有衝突，你必須廢除心中所有的權威。」

我們應該打開門窗，學習換個立場來看問題；把阻礙溝通的高牆打掉，如此才能讓陽光雨露趕走蛛網塵封。

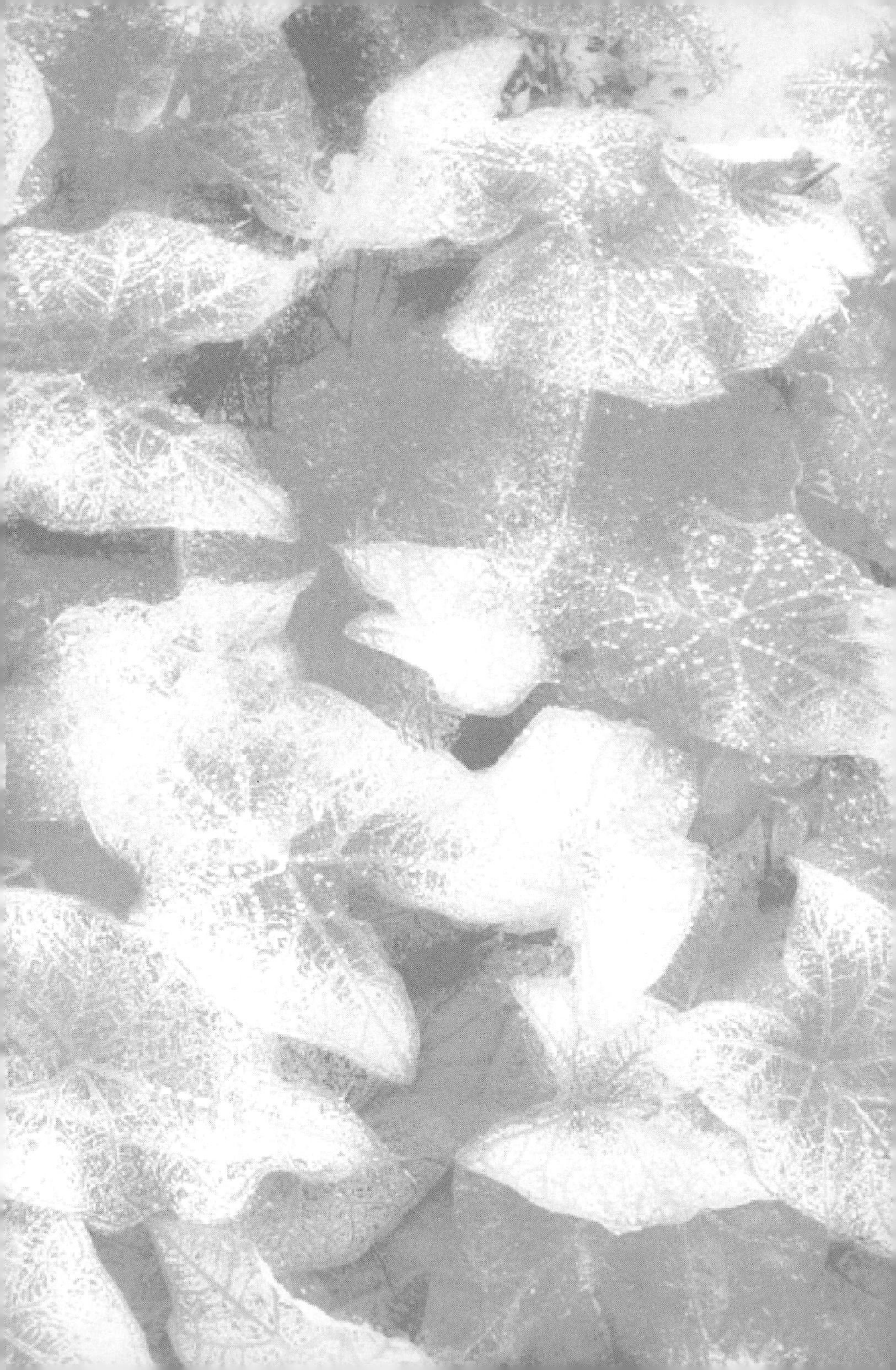

心開目明

釋夢妙悟

——所謂迷，就是將夢當真的人，悟就是將真實看成夢幻。

沒有人在作夢的時候會認為夢不是真實的，當你作夢的時候，夢看起來是絕對完美，絕對真實。到了早上，你當然會說那是一個夢，那不是真的。

為什麼在早上的時候你說夢是假的？因為在你睡前它並不存在，當你從夢中起來時，它也不在那裡，所以它怎麼可能是真的？它怎麼可

能在中間存在？

你的床是真的。你說：因為你在睡前，你的床在這裡，當你醒來的時候，你還躺在床上。所以床是真實的，當你醒來夢就消失，所以夢是虛假的。

但是你在出生前，並不存在，當你死了，你也不在，這中間你認為你是存在的嗎？你來到世界的時候什麼都沒有，你走的時候也帶不走，你認為你身邊的東西，是真的嗎？

＊

你曾經懷疑過自己的存在嗎？你曾經懷疑過身邊的一切是真的嗎？

當夢來臨，而你完全進入夢境，夢是完全真實——比實際的世界更真

實，因為現實世界裡，你多少可以懷疑，你可以懷疑：「我不會在做夢吧！」但是在夢中，你絲毫不可能懷疑，你在昏睡中，你要怎麼懷疑？除非你醒過來。

沒有人可以在夢正在發生的時候說：「這是夢。」夢若看起來不像真的一樣，那它就會破滅。你一定要等到夢消失或過去之後才會覺知到，這覺知就是醒悟。

那就是為什麼許多宗教和覺者，一再說人生是夢。人生自少而壯，自壯而老，自老而死，為名為利，到頭來一場空，然而生不知從何而來，死又不知去向何方……這不是夢嗎？

所謂迷，就是將夢當真的人，悟就是將真實看成夢幻。夢醒固然難，知道自己正在做夢也不容易。一個醒悟的人，就是他發現人生原是一場夢，我們的欲望是夢，我們所思所想是夢，我們的痛苦都是夢。只是大家都活在睡夢中，被夢境牽著走。

*

有個弟子問師父說：「我知道我的痛苦是個夢，但請你告訴我：我要如何解除這個痛苦？」

師父回道：「你只要醒來就好。」

痛苦顯示什麼？它顯示說你還沒醒來，它顯示說你還在作夢。假如你為惡夢所苦，你所需做的便是盡力地讓自己醒過來，其他的都不需要做。假如你遇見鬼在追你，你不需要逃跑，因為根本就沒有鬼，你

要自救的方法，只需要清醒過來。你發現你好端端躺在床上時，你才恍然大悟，原來最高的釋夢法就是「自我覺醒」。

當你清醒過來，夢也跟著消失，這個時候你會擔心夢嗎？你會擔心說你在夢中生病，甚至死亡嗎？當夢在進行的時候，你會擔心恐懼，但是當你醒過來，現在你知道那是夢，而你並沒有家破人亡。如果這一切是一場夢，你怎麼會患得患失？你的恐懼又從何而來？當你知道這一切都會夢，當夢醒那麼恐懼也跟著消失。

作夢是「迷」，醒來則是「悟」。當你知道你所執迷的不過是幻夢空花，就不該再執迷不悟。

覺知的釋然

——當你覺得想睡，那想睡的是身體，並不是你。

當身體感到濃濃的睡意，你會說：「我好想睡。」因為你把身體認同為自己，所以很自然的，你會把身體的感覺認為是自己的感覺。

當你覺得餓，覺得渴，你會說：「我很餓、我好渴」，你從來沒將它們看成只是發生在你身上的事，你變成那個感覺。當你身體覺得不舒服，你說：「我頭痛。」你就變成那個頭痛。

不舒服的時候，你是如此地專注在那個病痛，以致於你以為你就是它。然而，那個病痛是你嗎？不，你只是接收那個訊息的人，你不是頭痛，那個痛發生在你身上，但那個痛不是你，當痛不在的時候，你仍在那裡。

事實上，你只是那個意識，你意識到身體是餓的或渴的，你只是接收身體的訊息，你是意識，意識怎麼會餓或渴？你騎一匹馬，那匹馬口渴了。如果你跟那匹馬認同，你就會說你覺得喉嚨好乾，好渴。但你並不是那匹馬，口渴只是你的認同，而不是你。

*

試試看，下一次當你覺得口渴的時候，閉起你的眼睛，坐下來，將

你全部的注意力帶到喉嚨。一旦注意在那裡，你將發現你跟它是分開的。喉嚨在口渴，不是你在口渴，深入去看，你跟你身體就會產生一段距離。

不是你在饑餓，是你跟身體的認同在覺得饑餓；不是你在頭痛，痛的是頭，身體內部的你並不會痛；當你覺得想睡，那想睡的是身體，並不是你，你只是意識到那個睡意。

當晚上入睡時，你應該也發現這種情形，身體睡著了，但你並沒有跟著睡著。你會繼續維持呼吸、心跳和消化食物；當身體受到壓迫，或打鼾快窒息時，你會幫身體翻身；當你太冷、憋尿，或因為有某件重要的事必須早起時，你會叫身體起床。你在做夢，在夢裡被追殺，

所以你跑得很快，但身體卻安然躺在床上，為什麼？因為身體並不是你。

如果你手被切斷了，你並不會消失；如果腿被切斷，你仍會存在；即使眼睛和耳朵沒有了，你還是可以活得好好的，因為身體並不是你。

一旦你發覺到自己與身體的分別，一旦了解到那個不舒服的人並不是你，是你的身體不舒服，你是知道那個事實的人。那經驗並不是你的，只有那覺知是你的。你對身體的認同就會開始鬆掉。

沒錯，你在身體裡，但你不是身體。

標籤不等於標價

——當一個人頭銜越多，頭就越重；頭上的光環越亮，就越容易頭昏眼花。

在醫院，我看過許多大老闆因生意失敗，結果「一敗不起」；也看過許多優秀的學生因成績退步，最後得到憂鬱症；我也聽過一些明星或政治人物因失去舞台，後來變得抑鬱，甚至以自殺了結生命。

從一個大老闆變成小職員，從名列前茅到名落孫山，從大人物變成市井小民，他們無法接受那個角色，這就是整個問題的答案。人們的

問題就在於太認同身上的「標籤」，又把「標籤」和「標價」劃上等號，以致於標籤一旦被拿掉，自我的價值也就蕩然無存。

＊

我聽說拿破崙在他最後的日子裡淪為囚犯，被關在聖赫勒拿島。他因為無法承認這個事實，整整有六年的時間都不肯換下身上的衣服，即使衣服變得很髒，顏色掉了，甚至爛掉，但他還是堅持不肯換。

獄卒問他說：「你為什麼不把外套換掉？我們可以給你換上更好、更乾淨的衣服。」

拿破崙說：「我身上穿的可是一件皇帝的外套，我怎麼可以把它換掉。」

衣服成了他的標籤，好像撕下標籤就會皮開肉綻一樣，那就是為什麼大家對失業、失去位置和舞台會如此害怕。

幾年前，我曾經放棄了一個升遷的機會。周遭的人，都覺得可惜，那麼好的職位，為何放棄？

當時我自己也很掙扎，反覆思索，後來我想通了。沒錯，那是個「好職位」，但不代表到那職位去就會很好。人們所謂的好，說穿了不就是那個頭銜，那個「標籤」嗎？我很清楚，當一個人頭銜越多，頭就越重；頭上的光環越亮，就越容易頭昏眼花，如果「頭重腳輕」，很容易就摔跟斗。

＊

莊子的故事中，有一段談到孫叔敖不戀棧權位，三次上台「無喜色」，三次下台「無慍色」，當別人稱讚他的修養，他說：「上台是別人要我上台，下台是別人要我下台，這根本與我無關，我為什麼要有喜怒哀樂呢？」

他並沒有認同「宰相」這個「標籤」，後來他又說：「如果當宰相很得意，宰相又不是我；如果我自己很得意，我又不是宰相；所以宰相與我何關係？」

他說得對，在舞台上，你演出的只是那個「角色」，下了舞台，最重要的是演出自己，那才是最真實的。一個人必須勇敢地卸下標籤，拿掉「假身分」，當標籤被拿掉的時候，自己還存在的，那才是真正的自己。

記住，你是有價值的，那是因為你本來就有價值，而不是因為你做了什麼。重要的是「Being」，而不是「Doing」；你的存在才是重點，而不是你必須達成什麼。

人的身份和職位就跟穿鞋子一樣，遲早都要脫下來的。而當鞋子爛開了就爛開了，你不需要因為這是雙爛鞋，連帶地認為穿鞋的人是「爛人」；此外，當你換了一雙光鮮亮麗的新鞋，也不必得意，因為新鞋多半只是好看，往往都不好穿。

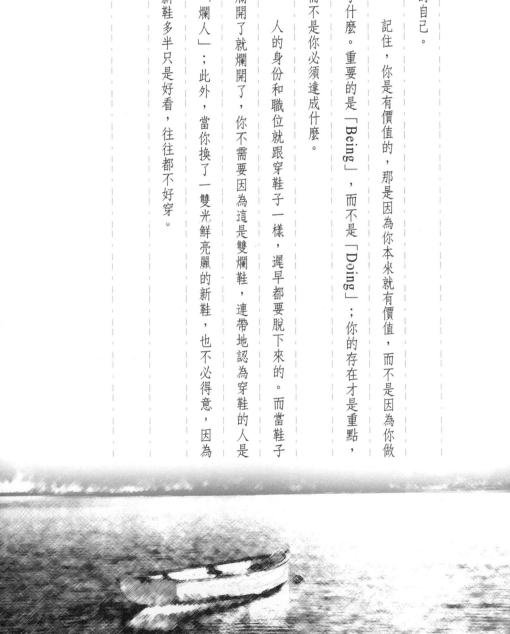

似戲非戲

——這一刻你也許是發號施令的老闆，下一刻你也許是聽話的病人。

人生是一齣一齣的戲，在每個舞台都必須扮演不同角色，在公司你是老闆，下了班你是朋友，回到家你是先生，在孩子面前你是父親，到父母那裡，你又是兒子……每個角色的戲碼和意義都不同。

現在的你既是你也不是你，那只是你現在所扮演的角色。然而很多人問題的來源，就在於把自我和角色劃上等號，限入僵化的角色。

*

我認識一位將軍就是這樣，他從小對孩子軍事化管理，現在孩子長大了，他仍舊喜歡發號施令，他的太太告訴我：「他一回到家，氣氛就變得很凝重，孩子怕他，我對他也是敬而遠之，家裡頓時變成了軍營。」

她說的沒錯，我跟這將軍認識多年，我了解，他的確是「太入戲」了。當你在軍中，扮演發號施令的角色是稱職的，可是一旦離開就不該把將軍的身份帶回家，家裡又不是部隊。當你上班的時候，你有上班的樣子，可是當你下班之後，就不該繼續那個樣子。

這種情形到處都可以見到，人們對角色太認同。他們已經離開辦公

室，但是還是像在辦公一樣。就像一個老師，當他（她）習慣教導別人後，慢慢和那個角色過度認同，以致忘了自己也是一個媳婦或是父母的小孩，忘了其他的身分。

而當父母的人，在習慣教導孩子後，也常忘了「角色互換」。有一位同在醫學院服務的同事，他告訴我：他的父親很喜歡在家人和朋友面前宣揚他「個人化」的健康觀點，而這些觀點又多半毫無醫學根據。這讓同事頗為困擾，到底要不要「糾正」他？

如果你是一個父親，很好，只要扮演好自己的角色就好，不要不懂裝懂。當你在一位專家面前，就該多請益，即使那個請益對象是你兒子也是一樣，而不是以外行領導內行。

如果你是一個領導者，一個管理者，很好，但你只要扮演好自己的角色就好，不要隨便插手其他部門「專業上」的事。王永慶可以開醫院，管理好醫院，但你不會因此就認為他可以幫病人開藥或手術吧！

*

威廉・莎士比亞說：「世界是一個舞台，男男女女只是演員而已，他們有進場，有退場；每個人一生都要扮演許多角色。」這一刻你也許是發號施令的老闆，下一刻你也許是聽話的病人；這一刻你也許是老師，下一刻你也許是學生；我們每個人都有很多角色。前一刻還在發飆的獅子，下一刻也許是讓人騎在背上的驢子。

角色必須就像換衣服一樣，隨時可以脫掉它們。換下戲服，就換了

角色；不要入戲之後，就忘了出戲。

不是他這樣講，而是你這樣想

——並不是他讓你受苦，而是你認為「他怎麼能這樣對我」在讓你痛苦。

任何時候你緊抓著一個想法不放，無論這想法是肯定還是否定的，你便從一種想法，化為一種「感覺」，並影響到你的心情。

比方，「他是不是覺得我好欺負」這樣一個稍縱即逝的想法，事實上，它並無傷害的力量；然而，如果你持續這個想法，就會轉化為「敵意」，引發「憤怒」，最後你會怒氣沖沖，去找那個人議論。

請問，這憤怒的感覺從何而生？這敵意又從何而來？是從你的想法，對嗎？所以，當有人說：「他傷害了我。」這說法並不正確，正確應該說：「我覺得受到傷害。」因為你的想法是主觀的感覺。

*

有個人最近心情很悶，因為他聽說有人到上司那裡說了些他的是非，為此他覺得悶悶不樂。試想，如果他根本不知道別人背後的批評，他會不快樂嗎？當然不會，他怎麼可能對不知道的事不開心呢？

因此，別人怎麼說他，背地裡怎麼批評，都不會使他不快樂，是他自己的想法使他不快樂。對嗎？

當你因某人或某事而心情不好時，情況也是一樣，你認為原因是出在那個人和那件事，那並不正確，因為同樣情況發生在另一個人身上，他並不會有一樣的反應。說得更明白一點，當我們「感到」別人如何，不一定就等於別人如何，那是你的想法。想法不同，很可能看法就完全不同。

如果有個人用「斜眼」看你，如果你想的是：「這人敢瞄我，是不是欠揍！」如果你繼續往下想，只會越想越氣。反之，如果你改換個想法，「這人好可憐，眼睛怎麼歪成這樣！」你可能反過來還會同情他，對嗎？

＊

引自奧理略大帝的話：「假如你因某些事物而痛苦，其實並不是那

些事物在煩擾你，而是你對它的想法在令你苦痛。」

並不是那個人在讓你受苦，而是你的想法，你認為說「他怎麼能這樣對我」在讓你痛苦。

並不是他的行為在羞辱你，而是你的想法，你認為「他是在羞辱我」在羞辱你。

並不是他的話傷害到你，而是你認為「那話太傷人」，是你認為說「他傷了你的心」在傷害著你。

並不是失戀造成痛苦，而是你認為「我不能失去他」在產生痛苦，是你一直想說「他怎麼能這樣對你」、「他怎麼可以欺騙你」、「他辜負了你」在產生痛苦。

沒錯，讓你鬱悶、憤恨、沮喪的並不是某人或某事，而是你腦子裡的想法，你弄清楚這其中的差異了嗎？

為什麼放不下？

——你總是說：「我放不下」，因為你真正要放下的就是那個「我」。

人生什麼最痛苦？「我的」的痛苦最痛苦。

誰的問題最嚴重？「我的」問題最嚴重。

誰的東西最寶貝？「我的」東西最寶貝。

為什麼？那還用問嗎？因為那是「我的」，就這麼簡單。

*

我聽說有兩個銀行家到帽子店裡各買了一頂貂皮帽子。不巧，剛剛要出商店門，天下雨了。他們都捨不得自己的帽子淋雨，可這雨一會兒也不會停，怎麼辦呢？

他們商量了一番，彼此借了帽子，然後毫不猶豫地走到雨裡去了。

當那個東西是別人的，你可以無動於衷，但是當它是自己的，你就會心疼、捨不得。這種強烈的感覺是從何而生？是從「我」生起的。

假如你同事買了一個漂亮的皮包，你非常喜歡。如果她不慎把皮包刮傷，你會覺得：「天啊，好可惜！」但這件事並不會對你造成影響。然而，如果這個皮包是你的，你非常喜歡，它被刮傷了，你還會一樣嗎？不，你會覺得心疼難過，對嗎？因為那是「我的」。

你去看車子，那些車子原本與你無關，然後你買了它，你就會很在意，當你說「這是我的車子」時，當它被刮、被撞，你就會覺得心疼難過，對嗎？因為那是「我的」。

當你說這是「我的」男（女）朋友，這是「我的」先生、太太、孩子，你的喜怒哀樂就會受他們影響，當他們痛苦的時候，你也會痛苦；當他們離開你，你也想不開，為什麼？因為那是「我的」。

有我就有執著，有執著就會有痛苦。如果你深入去看，你就會發現人之所以痛苦，都是來自對「我」的執念。當「自我」，我們一直珍惜和保護的那個「我」受到威脅，或是得不到他想要的東西，就是痛苦生起的時候。

*

你看電視上，超級大颶風，世紀大海嘯，連環大車禍，即使有人死傷慘重，或被壓得殘肢斷背，但他們都比得上你的痛苦。只要讓你失戀或失業，你就哇哇大叫，還管什麼非洲有多少人在鬧饑荒；只要讓你折斷腿，你就可以哭天搶地，還管他伊朗地震死了多少人。所以我說，自己的痛苦最痛苦，難道不是嗎？

「我」的感覺越強，「我的」的執著就越強，那就是為什麼對於那些你很在乎、很喜愛的人事物，你總是患得患失，總是說：「我放不下」，因為你真正要放下的就是那個「我」。

放下了「我」，那個「痛苦」也隨之放下。

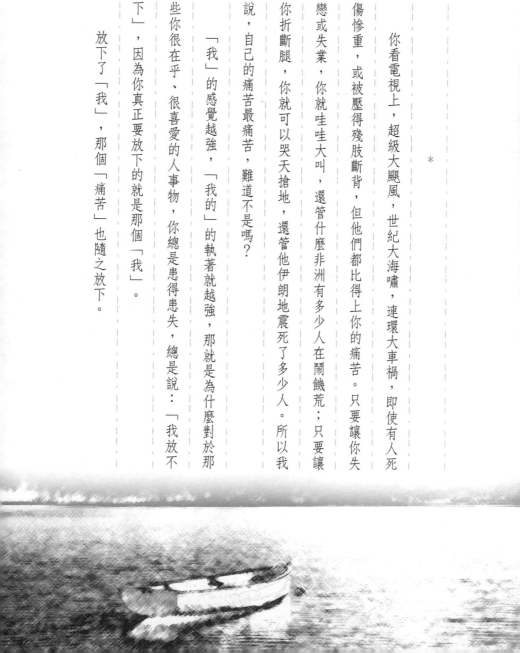

甘心如薺

不以為苦

——你所稱生命並非真實生命，那只是你對身體的認同，而錯把身體視為生命。

我聽過有一種心靈的修煉，可以打破人跟身體的認同，方法是這樣；先躺下來，想像自己死了，身體已經是一具屍體。然後你看到人們把你抬起來，送到火葬場火化。

閉上眼睛往內，將注意力帶到腳趾，感覺火勢正從那裡往上面延燒，感覺腳趾被燒掉，只剩下灰燼，接著慢慢地再燒掉火燄所經過的

部位，雙腳、大腿、雙手……不斷地看著每個部位，都被燒掉。你的身體被完全燒盡，最後，頭部也消失。

你看到自己完全化成骨灰，塵歸塵，土歸土……身體消失了，而你就是那個看著身體消失的人，你成了一個旁觀者，那彷彿是發生在別人身上的事。

這門技巧可以幫助人們與身體分開，當身體被火化，但你並沒有被火化。你會突然領悟：「我的天，原來我不是身體。」那是以前從來沒有覺知到的。你首度知道說你身體不在，而你還在，你並沒有失去什麼。

＊

蘇格拉底一生探究生命，他一直想死亡的真相，所以當他被下毒之後，他躺在床上，然後他告訴他的學生：「我的腳開始麻痺，但我還是跟以前一樣，我的身上沒有什麼東西被帶走。」然後他說：「我覺得身體和手都已經麻痺了，但是我要告訴你們：我還是一樣，我的身上沒有任何東西被帶走。」他感到非常驚訝，因為他發現身體漸漸死去，但他卻安好。

最後他快要死掉，他說：「現在我的身體已經完全麻痺，我快說不出話了，但是我要告訴你們：我還是一樣，安好如初。」

人們怕變老、怕得癌症、怕疾病會帶來痛苦，這都可以理解的，但為什麼會怕死？死亡是一個很深的睡眠，一個完全放鬆的休息，這有什麼好怕的？人們真正怕的應該是躺在醫院裡，一張陌生的病床，身上插滿著管子……「要死不死」，人們怕的是這個，但是死亡呢？你見過死亡傷害過任何人嗎？

當我們還在時，就還沒死，當我們死了之後，也就不在了。既沒有知覺，也沒有痛苦，有什麼好怕的？

*

身體會死，但你並不會死，了解這點就了解了生命，你所稱生命並非真實生命，那只是你對身體的認同，而錯把身體視為生命。人們對死亡的恐懼就是這麼來的，來自這種對身體和自我的認同感。

所以，不要認同身體，因為如果身體哪一天垮下來，你會認為是你

垮下來，但如果你了解說身體只是房子，你只是住在它裡面，即使房子垮了，不在了，你還是存在。

身體並不是你，不久之後，它就不是你。當你的身體不存在的時候，你在哪裡？在你出生之前，你在哪裡？如果你了解身體只是借來的房子，你只是借住在它裡面，你的看法就會不同。現在你已經不擔心這個房子，不擔心它會被破壞，或是倒塌，因為那個認同已經被打破。

當打破對肉體認同，那死亡的恐懼也會漸漸消失。

一解心結

——任何別人讓我們感到不安的事，都會讓我們更了解自己。

有時，你會覺得心情抑鬱，卻不知道抑鬱由何而生。

有時，你原本心情還不錯的，卻不知道為什麼突然動怒。

有時，你也知道那只是一件小事，卻控制不住自己，脾氣就這樣發了出來。

為什麼會這樣呢？你感到困惑。這「情緒」是怎麼來的？

情緒，是來自過去。你去看電影或電視，為什麼劇中的情節會使你情緒起伏，熱淚盈眶？因為這情節勾起了你過去的回憶，不知不覺中觸動了你的心弦，這波動的就是情緒。

每一樁深刻的生命經歷和強烈的情緒都會在我們的心裡烙下痕跡，沉澱為心底的一層記憶，形成所謂的心理情結。而當某個情境觸動了「那個結」，就會引發情緒反應。

*

一個曾被狗咬的人，只要一看到狗走過來就會緊張恐懼；一個你非常厭惡的人，只要一想到時，那種憤怒的情緒一下子又會升起；一首你與情人分手時聽到的音樂，每次聽到時，又會再次勾起分手當時的回憶和心情。所謂的「情緒化」「神經質」就是這麼來的。

任何被整合到經驗中的情感傷痛，會隨時冒出頭。這種複雜的情感糾結我把它簡化成一個簡單的循環——

你現在的感覺是來自過去情緒，

過去的情緒累積成了憤怒，

沒有發洩的憤怒積壓心中，成了怨恨；

怨恨轉向自己之後，變成了悲傷；

悲傷引發恐懼，生出了抑鬱，變成沮喪的心情。

那就是為什麼一個原本心情還好好的人，只要一個感覺不對勁，就能破壞整個心情。情緒和感覺之間的差別就是過去和現在之間的差

別。像憤怒、怨恨、悲傷、恐懼、沮喪和憂鬱這些情緒，都是與過去有關。而感覺則跟現在有關。

所以，以後當你感覺莫名、沒有來由的悶悶不樂，感覺抑鬱、氣憤，請千萬別再亂發脾氣，因為那個情緒是來自你過去的憤怒，而不是來自現在。

你應該反過來問自己，究竟自己以前曾在「何時」、「何處」、「與誰」有過類似的感覺。如果你能找到源頭，「那個結」也就解開了。

＊

心理學家容格說得對，他說：「任何別人讓我們感到不安的事，都會讓我們更了解自己。」是的，人不是不能發脾氣，而是要了解自己到底在氣什麼？

「情緒」的本身並無對錯，只是表示每個人對事情的反應。然而，每個人必須弄清楚自己「為什麼我會有這樣的反應」，才不會把不好情緒轉嫁給別人，或是在紛亂的情緒隨波逐流。

定心大智慧

——與狗對咬的，只能是另一條狗，與瘋子對罵，只會成為另一個瘋子。

當有人在發燒，你不會生氣，如果他高燒不退，你還會想辦法幫他退燒。但是當有人生氣，你就跟著生氣，他腦袋發燒，你為什麼要跟著發燒？這問題你想過嗎？

假如有一個瘋子，在街頭對你大聲地叫罵著：「你是瘋子，你是傻瓜！」你會如何反應？你會覺得受到打擊或加以反擊嗎？你根本不會去理他，對嗎？因為你知道他是瘋子。

如果有一隻狗對你狂吠，你會惱怒，你會氣得火冒三丈嗎？你當然不會，因為你知道狗就是這樣，牠要吠就讓牠去吠，你不在意，牠的吠叫就不可能激怒你。

但同樣的情形，如果換成其他人，比方那個人是你的上司、同事，親朋好友，甚至隔壁的鄰居，當他們對你「吠叫」的時候，為什麼你就覺得受到冒犯？為什麼當他們對你「瘋言瘋語」，你就會覺得受到打擊，你就會去對抗？

是因為你「認同那個人」，你認同他說話，對嗎？否則你何必在意？

＊

你只是聽他說了些話，那些話或許很傷人，但你並不想被傷到。他或許把你說得很難聽，但你知道他是胡說八道；或許他用侮辱話語想激怒你，但你並不想被激怒，你不想隨著他起舞，這樣他怎麼可能侮辱到你？

這故事許多人應該聽過。有一天，蘇東坡覺得自己茅塞頓開，有所領悟，不覺喜從中來。遂按捺不住內心的興奮，寫了一首詩：「稽首天外天，毫光照大千。八方吹不動，端坐紫金連。」（八風是指：得、失、謗、揚、讚、嘲、憂、喜）

蘇東坡非常得意，當下就差人過江去金山寺，將這首佳作面交他的

好友佛印和尚。佛印看了，沒有說話，只在詩上批了「放屁」兩個大字，再交給來人帶回。

蘇東坡氣急敗壞，遂火速乘船渡江，前往金山寺找佛印理論。船到了岸邊，佛印早已佇立等待。

蘇東坡劈頭便責問佛印：「我寫的詩，你為何說是放屁！」

佛印輕描淡寫地回答：「你不是已經『八方吹不動，端坐紫金連』了嗎？怎麼還會被『放屁』兩字吹過江來呢！」

所以，當你對某人的言行感到惱怒的時候，你應該問的是，你認同這個人嗎？你認同他說的話、認同他的行為嗎？如果不認同，那他要如何又與你何干？

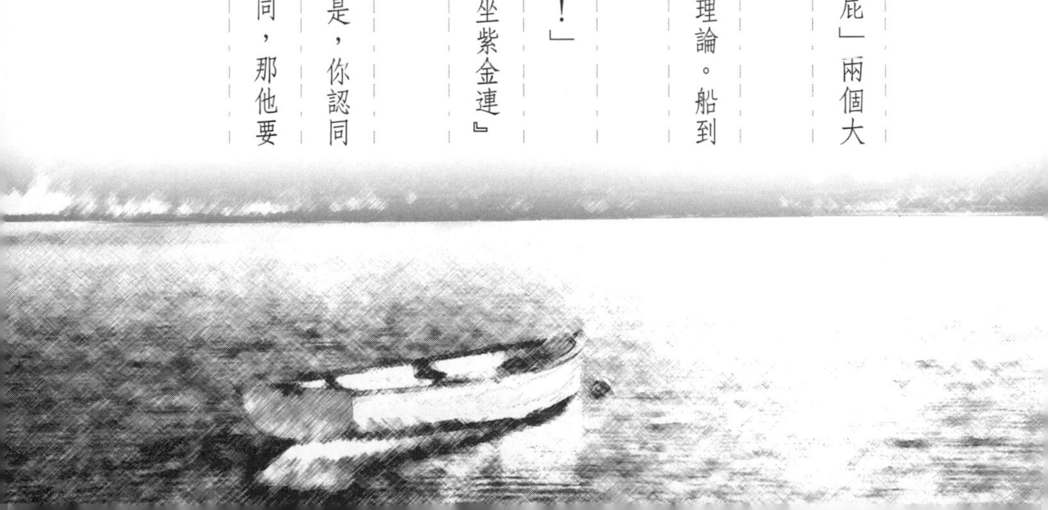

＊

你可以對我「狂吠」，那是你的自由，但我要不要理你，那由我決定。你或許可以用非常難聽的話語來激怒我，但是如果我不接受，你能怎麼樣？你是無能的。

這看似簡單的見解，給了我很大的啟示。現在，我不再輕易動怒，也不再被別人牽著鼻子。我知道如果我也跟他們一樣，又生氣，又惱怒，覺得很挫折，他們一定會覺得比較得意，但是我並沒有打算讓他們那麼享受。

與狗對咬的，只能是另一條狗，與瘋子對罵，只會成為另一個瘋子。你不會這麼做吧！除非你也瘋了。

不苦的痛苦

——當你失去了你認為的「苦」，你會發現，什麼才是真正的痛苦。

有位老太太，她覺得整個家都是她在付出，所以對丈夫、兒子的作為總是不滿，經常抱怨東抱怨西，終於有一天，她的丈夫走了，兒子也離開她到異鄉討生活，最後因病客死異鄉，連死前最後一面也沒見到。

老太太哭了好多天，從今而後，她只能孤單一個人面對晚年。

這天佛陀來了，祂問：「妳覺得痛苦嗎？」

老太太收起淚，搖搖頭：「痛苦是什麼？我為什麼要痛苦？」

佛陀開口：「妳丈夫走了，兒子走了，接下來的日子，妳只有孤零零一個人，這樣不苦嗎？」

「不苦。」老太太說。

「那麼，妳為什麼哭？」

「因為現在，我已經沒有什麼需要付出和守護，我的痛苦源頭消失了。而我卻在經過這些事之後才明白，以前的苦和現在比起來，根本不算是苦，我卻為了那些微不足道的苦，傷害了丈夫和兒子，讓他們和我一起苦。」

「那妳現在想做什麼呢？」

「我要去告訴其他被苦所困的人，沒有苦可以承受的人，才是真正的苦。」

佛陀笑笑之後離去，祂知道老太太覺醒了。

*

人總習慣把付出看做是犧牲，是負擔，當然痛苦埋怨也就一籮筐。

有配偶的人，為配偶所苦；有子女的人，為子女所苦；有工作的人，為工作所苦。大家很少反過來想，若沒有了這些「苦」，那你會怎麼樣？你就不苦了嗎？

不，當你失去了付出的對象，當你失去了你所有的「苦」，你會發

現，原來「不苦」才是真正的痛苦。

你要慶幸自己擁有一份艱苦的工作，若不是這些難搞的人和事，若是每個人都可以勝任，那別人隨時都可能取代你，對嗎？你也不可能擁有現在的薪水和職位。

你更要慶幸你可以辛苦的付出，如果沒有人需要你，那你活著是為什麼？沒有人需要你照顧，沒有人需要你的關心，沒有人對你有任何期待，你存在與不存在有什麼不同，沒有人需要你的付出，那你活著又有什麼意義？

我們應該把吃苦當吃補，因為沒有苦的人，才是真正的痛苦。

我怎麼可能是錯的？

——先弄清楚「什麼是正確的」，確認真相之後才探討「誰是正確的」。

人們非常認同自己的想法，認為思想就是我，你懷疑我的思想，等於是懷疑我，你打擊一個人的思想，就等於是打擊那個人本身。

如果你告訴一個人說：「你的想法是錯的。」他一定會覺得不舒服，他會據理力爭，去證明說他是對的，而你才是錯的。之所以會這樣，並不是因為那個想法，而是因為那個我——那是「我的想法」，我

怎麼可能是錯的？

*

質疑你的想法，就是質疑你。你也許只是順口說：「我覺得那個人或那件事如何如何。」但是當有人說：「是嗎？我覺得不是那樣。」你立刻受到挑戰，於是你開始準備戰鬥。這時，另一個人如果也堅持他的觀點，你就會變得越來越生氣，一些有的沒有的話你便脫口而出。

稍後，你若回顧整起事件，你將會感到驚訝，最初當你提到那個人或那件事的時候，是一種非常溫和的陳述，可是當你紛爭的時候，你看看自己，你已經判若兩人。你整個臉都變了，聲調也變了，就只

為了證明自己是對的，你甘願冒著失去親友和內心平靜的危險，說盡一切你明知會令人不悅的字眼。但是一開始時，你並沒有準備要這樣做，假如沒有人反對你，你可能早忘了這整件事，但是一旦有人反對，你就卯上了。

你曾靜下來好好想過，這是怎麼回事嗎？你跟別人溝通，針對某個問題，如果某人說了一些質疑你的話，你就覺得受到打擊；如果他說了一些反對你的話，你就會去反擊，為什麼呢？如果你真的是為了探討問題，為了溝通，那為什麼要覺得受到打擊？原因出在哪裡，是出在問題？還是出在你本身？你所關心的不是問題，而是對錯，你無法接受自己是錯的，是這樣對嗎？

*

管理大師彼得・杜拉克告誡人們，處理人事紛爭，第一步驟要先問「什麼是正確的」？確認真相再進入第二步驟「誰是正確的」？

但人們的情況卻正好相反。沒有人在乎「什麼是正確的」，人們在討論、辯論和爭鬥都是為了證明「誰是正確的」。沒有人去管真相，誰在乎呢？

那就是為什麼連一點芝麻小事，人們都可以爭得面紅耳赤。你可曾想過，那些你所爭論的東西真的有比情誼和快樂更重要嗎？

不完美中的完美

——月有陰晴圓缺，但月依然是美的，當你願意接受缺陷，缺陷也變成另一種美。

人總是追求圓滿，那就是人不美滿的地方。

比方，如果你覺得一家人要住在一起才算圓滿，但結果不是這樣，你會怎麼樣？你就會感到遺憾，覺得家庭不美滿，對嗎？

如果你認為感情要天長地久才圓滿，那麼當感情出現問題，你就會覺得不美滿，對嗎？然後為了挽回，你可能開始忍氣吞聲，這就是許

多人婚姻不美滿的原因，不是嗎？

*

人真的很奇怪，老愛給自己創造烏托邦，然後當自己達不到那個烏托邦，缺憾也由此而生。像有些人原本沒結婚，自己一個人也挺好的，但是當他有了「人應該結婚」這個想法，那「沒結婚」就成了一種缺憾。

還有一些人，有孩子就好，男孩女孩一樣好，但是他們卻遺憾，「應該再生個男孩（女孩）才圓滿。」想想，這不是庸人自擾嗎？

去看看人們所建構的烏拖邦：「孩子應該和父母住在一起」、「夫妻應該白頭偕老」、「媳婦應該洗衣下廚」、「人生應該平平順順」

一旦你有了這個想法，你認為事情應該怎樣怎樣，悲苦的人生就是這樣開始。

所有的不圓滿都是來自你對圓滿有了錯誤的認知。你沒發現嗎？就是這種認知，不斷地帶給你挫折和失望。如果你能放下，不期待那個圓滿，那麼你的痛苦又從何而生呢？那不美滿都是你自己創造出來的。

*

佛法常被稱為一種受苦的哲學，這看似消極悲觀的哲學卻能幫人「離苦得樂」。其中的奧秘在哪裡？奧秘就在從一開始就承認世界是不圓滿的，既然是不圓滿的，那如果有什麼缺憾，也就不會因此而痛

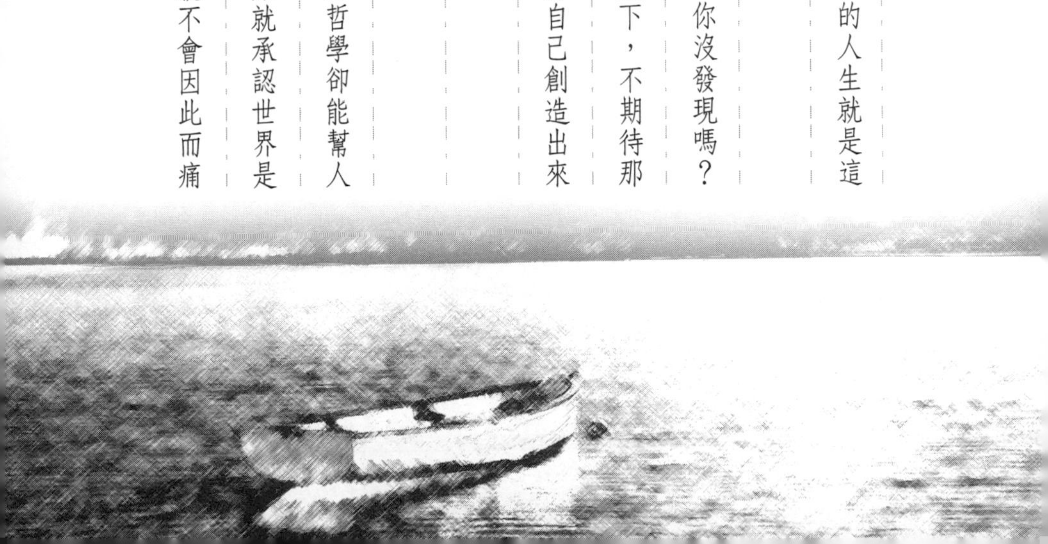

苦，因為它本來就不圓滿。

一個達成心靈成就的修行者，越是接受生命的不圓滿，這個悲苦越轉向一種喜樂，因為對這樣的人而言，所有痛苦的起因已經消失，悲苦也就無從生起。

是的，如果以你現在的情況你過得並不好，你就需要花很多努力來變得更好；如果你能了解人生就是這樣，當你接受所有的不好，那麼你將變得越來越好。

月有陰晴圓缺，但月依然是美的，當你願意接受缺陷，缺陷也變成另一種美。

喜樂滿心

青春永駐

——如果你不覺得自己的年紀很大，你又會有多老呢？

生理學家發現，人體內百分之九十八的原子結構會在一年內更新，七年內更達百分之百。換句話說，每七年你就會換一個新的身體，如果你活到七十歲，那麼你的形體會被一再一再更新十次。

在七年前你是一個樣，七年之後是另一個樣。形體不斷轉變，外觀一直變化，還好意識不受形體的轉變，所以你能認出自己。

*

你曾經是個孩子，然後變成中年，再變成老年。一切都在變動，但是有一個部分是不變的，那就是你的意識。這意識，就是靈魂，是你的本性，它們是不屬於時間的。

在時間的過程裡，每一樣東西都會變老，人會一天比一天老；但是在意識裡，人卻能永保新鮮。你可以做實驗：你或許是年輕的，或許是年老的，只要閉起你的眼睛，試著去進入你的內在，是年輕的？或是年老的？你將會感覺到它兩者都不是，它永遠是新的，它永遠都不會變老。

那就是為什麼你可以看一些老年人，他們身體雖然老了，但是全身

上下都充滿朝氣和活力。論年齡他們或許已經七老八十了，但是當你聽他們說起威風神勇的往事，彷彿回到年輕的時候。

人的衰老是很個人化的過程。當你積極樂觀時，你會覺得自己年輕起來；反之，當你覺得意態闌珊，垂頭喪氣，就會垂垂老矣。由於意識不屬於時間，老化現象便呈現出多變的情況。一個五十歲的人可能呈現三十歲的模樣，也可能呈現出六、七十歲的老態。

*

有次去爬山和一位先生相遇，我們互相打了招呼，並開始閒聊，後來才得知他已經近八十歲了，「真的嗎？」我驚訝地問：「你年紀那麼大，為什麼體力還那麼好，而且一點都不會老？」

他的回答很簡單，給了我很大的啟示，他說：「因為我從不覺得自己年紀大。」

他說得一點都沒錯，「老」存乎於心，如果你不覺得自己的年紀大，你又會有多老呢？

意識和身體是不同的，它們是分開的。形體會轉變，但意識並不會跟著變，即使再過七年，甚至幾個七年以後，你的意識仍然一樣不會衰老，你一樣可以青春永駐，只要你永保年輕的心。

樂以忘憂

——當你忘了身體，病也一起被忘掉。如果你能忘掉身體，身心就會輕盈起來。

舒服是什麼？當你忘了自己，忘掉你的身體，你就是舒服的。

當沒有頭痛的時候，你會意識到你的頭嗎？不會，因為你是舒服的，而當你頭不舒服，你就會記得它。當你的鞋子太小，你就會注意到你的腳，而當你的腳舒服了，你就會忘了它。每當你是舒服的，你就忘了你的身體，而當你不舒服，你就會記得你的身體。

生病的人會覺得身體很沉重，即使他體重很輕；而一個健康的人，即使他身材壯碩，他也會覺得輕盈，這都與我們對身體的意識有關。換句話說，如果你跟你身體某一個部分特別認同，你特別意識身體的某一個地方，那麼你可以說你身體的這個部分是有問題的。

比方，你特別意識你的喉嚨，那就表示你的喉嚨有問題；你很注意你的腸胃，那就表是你的腸胃不健康。是的，關注本身就是問題，因為如果沒有問題你又何必特別去關注，對嗎？

*

我認識一位朋友就是這樣，他非常注重腸胃，他告訴我，有一位中醫師說他體質屬於寒性，腸胃虛弱，所以只要寒性的食物都應該

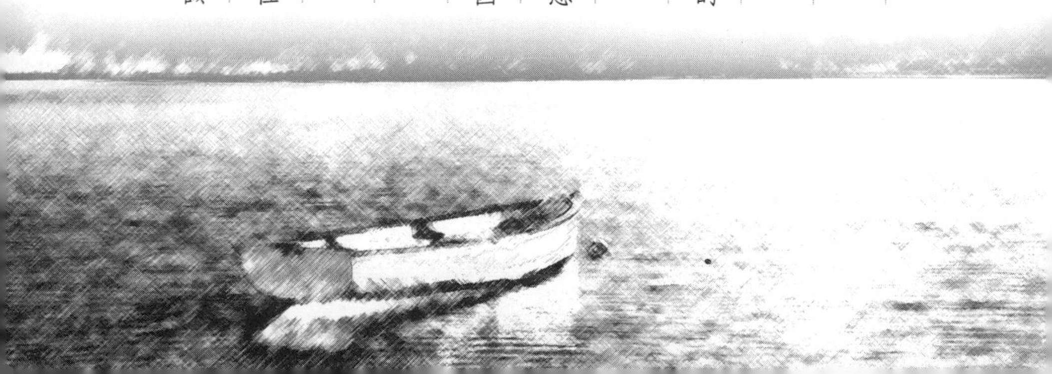

避免。結果有一次我到他家做客，我見他吃了不少螃蟹，隨口便問：「我聽說螃蟹是寒性的，你不是腸胃虛寒嗎？怎麼吃那麼多？」沒想到，話才說完不久，他就說肚子不舒服。

還有一個病人的情形也很類似，她是鼻子有過敏的問題，尤其對花粉特別敏感，只要接近花朵，鼻子不由自主就會癢起來。

有一回她一進診間就連打了好幾個噴嚏。

「怎麼？又過敏了是嗎？」我問她。

她指著桌上的花朵說，「嗯，我是對這些花過敏的。」

「對這些花？」有沒有搞錯，我說：「那些都是塑膠花耶！」

關注太深是一個比疾病更大的毛病。所以，一個人要走向健康，首先要做的就是忘掉身體，讓自己成為一個好像沒有身體的人。當沒有了身體，你又怎麼會不舒服呢？

＊

身體大多數的功能都是自動的，你不必注意，它們自己也會運作正常，如果你特別去注意，整個運作反而會失常。

就拿量血壓來說吧，到醫院許多人應該都有共通的經驗，就是在家裡量時，血壓並沒那麼高，但是很奇怪，每次到醫院量，怎麼突然就升起來？

再如，一般人在靜止的狀態下，脈搏會正常跳動，然而現在如果有一個醫生把手指頭放在你的手上幫你量脈搏，你的脈搏就不會維持一

樣，它會立刻加快，對嗎？之所以如此是因為你的意識，你太注意身體，身體反而會失常。

你可以做一個實驗，找個地方靜靜坐下，然後把注意放在身上，去感覺你的身體，慢慢你將發現身體開始不舒服，你會覺得這裡癢那裡癢，然後你覺得腰有點酸，腿越來越痲，你會不斷地變換姿勢。

整個情況就是這樣，當人太意識身體，就會變得敏感，變得全身都不對勁。那就是為什麼人需要睡眠。在進入睡眠的時候，你對身體的意識才能放下來，你會忘記你是身體，如此身體才能完全放鬆，恢復正常的運作。

疾病的英文是「disease」，「dis-」是「不」的意思，而「ease」是

「舒適、輕鬆」的意思。所以當你覺得身體哪裡不舒服，醫生總是會告訴你，放輕鬆，只要多休息，去睡個覺就好。

是的，當你忘了身體，病也一起被忘掉。如果你能忘掉身體，身心也會跟著輕盈起來。

做自己，不需理由

——如果那是你喜歡，是你想做的，那就去做吧！

認同別人是一個習慣，從小開始，孩子就是看著父母臉色長大的。當他做了某一件事，他會觀察父母的反應是高興或生氣，是笑臉，還是臭臉？如果他看到的是一副臭臉，他會認為：「我做錯了什麼，我是不好的。」如果他看到的是笑臉，他會認為：「我是好的，我被喜歡。」從此他就學會「看別人臉色」。

有時候父母很慈愛，有時候卻很生氣，有時候笑咪咪，有時候卻氣呼呼。小孩逐漸學習到，他本然的樣子並未被接受，然後，他開始以別人看他的方式看待自己。

當他看到一個人對他微笑，他就因為那個微笑而覺得快樂，但是如果別人對他繃著臉，他就受挫：「為什麼那個人會對我擺臉色。」然後他的臉也跟著繃起來。

*

這幾乎是所有人的寫照。當有人誇獎你，讚揚你，對你微笑點頭，你心情就覺得很好，很快樂；當有人譴責你，批評你，對你搖頭，你就受挫，心情跌到谷底。你的心情隨別人起舞，你是為別人而活。

別人給你的評語，也就成了你對自己的評價；別人對你的評價，也就成了你對自己的價值。每個人都懷疑自己，唯有當別人賞識你，肯定你，你才覺得肯定。你或許很成功，或許擁有很多財富，但是那還不夠，必須有別人來讚賞你，別人的意見遠比你自己的意見重要。

這就難怪人經常會否定自己、懷疑自己。我們對自己的看法，竟是出自於別人，這不是很可笑嗎？為什麼要聽別人的呢？這些人對他們自己或許跟你對你自己一樣無知，他們很可能也是從別人那兒得到對自己的概念，像這樣連自己都不清楚的人，又怎麼能夠知道你呢？又能夠瞭解你多少？

*

有幾次有人想認識我，他們託人告訴我說他們很喜歡我的書，想引見認識，但我總認為「見面不如聞名，相見不如懷念。」因為喜歡作品不難，但要讓作者被喜歡那可不容易。每個人對作者多少都會帶著想像，然後，如果我不符合他的想像，他就覺得失望，但我怎麼可能按照他的想像呢？如果我要依照每一個人的想像，我將會瘋掉。每個人都有對作者的期望，每個人都認為我應該這樣，應該那樣，如果我不是那樣，他就覺得不認同。那該怎麼辦？我當然選擇做自己，而不是去「獲得尊重」，否則我如何尊重自己，這自己還是我自己嗎？

沒錯，獲得尊重並不等於擁有自尊，情形正好相反，需要別人尊重的人，反而是低自尊的表現。很多人只有在自己得到勝利成功或被別

人肯定時，才覺得自己有價值，因而當他們失去了這些，也就失去自我的價值，這樣的人，其實是非常沒有「自尊」的。

要記住，你並不是為了符合別人的期待才來到這個世界的，你也不是為了滿足別人而活的。你想過嗎？為什麼你的心情要取決於別人臉上的表情？為什麼你的生命要由別人來掌握？

學習一件基本的事：做任何你想做的事、你喜歡做的事，永遠不要迎合別人或看人臉色，那是一個乞討的行為，如果那是你喜歡，是你想做的，那就去做吧！

做你自己，還有誰比你更有資格嗎？

快樂的條件

——當光線太強，會覺得一片昏暗。當擁有太多幸福，你反而不快樂。

人為什麼不快樂？

如果我說那是因為太幸福，所以不快樂。你相不相信？

我是說真的。你想想看，如果你一出生家裡就很有錢，你會因為有錢而快樂嗎？會嗎？我想那是很困難的。如果你想什麼就有什麼，那你就很難因為得到什麼而快樂。

如果你身體一直很健康，你會因為沒生病而快樂嗎？不會，因為當你很健康時，你根本不會想到健康是一件值得快樂的事情。除非你生了病。當你家人都平平安安，你也不會為此而歡喜，因為他們本來一直都好好的，所以也就沒什麼特別值得快樂，對嗎？

*

你有一份薪水尚可的工作，有一個還算健康的身體，還有幾個愛你的家人和朋友，你為什麼不會為此快樂？你說，不是每個人都這樣嗎？這有什麼好快樂的。

直到有一天你所愛的人不在了，你生了大病或是工作不保了，你突然好想回到過去，你說：「要是能像以前就好。」但以前你不是覺得

那沒什麼嗎？因為失去，這才讓你體悟到幸福。

在水裡的魚就看不到水，除非被帶到水面；在福中的人就不覺得幸福，除非遭遇到不幸。十九世紀俄國文豪杜斯妥也夫斯基說得對：「人類的不幸只源於一個理由，那就是不知道自己是如何地幸運。」唯有當你失去某樣東西，你才知道它，如果你從來沒有失去過它，如果它一直都在那裡，你很自然地會將它視為理所當然。

我認識一位失去視力的病人，他告訴我說：「我願意以一切換取視力，若有朝一日讓我恢復，我會認為是上蒼的恩賜。」

我也見過一位因車禍而全身癱瘓的病人，沒想到在一次用電波刺激法進行復健之後，幾年來連動都無法動的手，竟然能慢慢的伸起來，

跟大家揮揮手！周圍的人都為他叫好，他自己也興奮異常，父母親在一旁也高興地掉下淚來。

手能動，看得見，這不是很理所當然的事嗎？但你可知道，在我們周遭有多少人，最大的心願，只不過是乞求上天，讓他們有一天能看得見或站起來，有的人甚至能多活幾天就覺得很感激。

所以，我說人因太幸福，所以不快樂，難道不是嗎？

*

你已擁有可以快樂的一切條件，欠缺只是失去。當有一天你失去了，你就會明白我在說什麼。

太陽高掛在那裡，因為光線太強，當你直視時會變得昏暗。當你生活衣食無缺，平平順順，為什麼還覺得不快樂？那是因為你擁有太多幸福，所以不快樂。光線太強了，你反而會覺得一片昏暗。

拋棄名相

——本份是什麼？只要是家裡的一份子，本來都有份。

名相是什麼？當你對某個角色、頭銜產生特定的形象，這形象就是名相。

比方，你是一個經理，所以舉凡打掃、搬東西、泡茶的工作，你碰都不碰。為什麼？因為「我是經理，」你說，「這些事應該交給下面的人去做。」

因為我是「專家」，這些雜事不該由我來做；因為我是「校長」，所以割草、掃地、擦玻璃、端茶的工作應該交給工友去做；因為我是「婆婆」，所以洗衣、拖地板、帶孩子的工作應該交給媳婦去做。這「經理」「校長」「專家」「婆婆」的身份就是名相。

*

那認同「名相」有什麼不對嗎？當然人各司其職，各守本份，那並沒有錯。但是當你太執著於名相，把名相過份擴大，那就不對了。

舉例來說，小孩倒出飲料把家裡的地板弄濕了，坐一旁的父親，看了一眼，沒有動作，就繼續和朋友聊他們的國家大事；婆婆出來看到，立刻拉高嗓門，叫媳婦快來處理；媳婦看到，就拿抹布來擦，而

且只擦弄濕的部分。

按「本份」看來，他們似乎都沒有錯。這「父親」正在聊「國家大事」，怎可為區區小事分神，而這朋友也沒錯，因為這又不是「他的」小孩，對嗎？至於婆婆她認為自己是「婆婆」，這些善後理當由媳婦負責；而媳婦也「僅守本份」，只擦被弄濕的部分，其餘的區域就不關她的事。

這就是對名相太認同的結果。到頭來是家不像家。當「婆婆」的倘若能把名相放在一邊，順手幫忙又何妨？而當媳婦的也是，要擦地板就順便一起擦乾淨，何必分的那麼清楚？至於那兩位在高談闊論的男人，拜託幫忙一下好不好！又不是死人。

＊

本份是什麼？只要是家裡的一份子，本來都有份。不管你是婆婆或是媳婦，是男人或是女人，是博士或是校長。大家既是一家人，理所當然，對家裡的事大家都應該盡一份力。

像休假回到父母那兒，我就常會下廚，而胞弟也有同好，大家就一起共襄盛舉，至於吃完善後的工作，則交給姐夫負責。在我家沒有什麼名相之分。當「婆婆」去買菜，當「媳婦」就去洗菜，當「老師」的負責挑菜，當「醫生」的就去煮菜，當「經理」去添飯，當「校長」就負責洗碗，雖然「沒大沒小」，卻是和樂融融。

是誰說男人就不該做家事的？是誰說媳婦就必須做牛做馬？是誰說

婆婆就應該擺個架子？夫妻和婆媳之間，原本就應該相互扶持，偏偏大家都太在乎「名相」，結果問題和紛爭，也就剪不斷，理還亂。

＊

我聽說有一家很高級的俱樂部，任何人都不能隨便進去，除非你是地位顯赫的貴族。可是，這帶來一個問題。如果裡面每一個人都是指望被人伺候的貴族，那誰去做廚師、做招待員、或整理場地呢？所以他們決定唯一解決問題的辦法是，大家輪流擔任這些佣人的工作。這次我負責整理場地，下次換我下廚，再下一回是擔任招待員，接下來我才當客人。

這就對了！有願意招待的人，才有人能當客人；有人願意當佣人，才有人能享受貴族。就是這樣，每個人都是團體的一份子，每個人也是家裡的一份子，所以別再去分什麼誰大誰小，誰尊誰卑，誰該做什麼，把名相忘了，大家都「沒大沒小」，這樣不是很好嗎？

感激月亮，否定太陽

——被照顧到無微不至的人反而不會感恩，因為當白天夠亮，太陽就是多餘的。

有一則猶太故事說，有一天，有人問一位老先生，太陽和月亮哪個比較重要。

那位老先生想了半天，回答道：「是月亮，月亮比較重要。」

「為什麼？」

「因為月亮是在夜晚發光，那是我們最需要光亮的時候，而白天已

經夠亮了，太陽卻在那時候照耀。」

你或許會笑這位老先生糊塗，但你不覺得很多人也是這樣嗎？每天照顧你的人，你從不覺得有什麼，若是陌生人這樣對你，你就認為他人真好；你的父母，妻子或先生一直付出，你總覺得理所當然，甚至還有得嫌；一旦外人為你做出類似行為，你就受寵若驚，你就會很感激。這不是跟「感激月亮，否定太陽」一樣糊塗嗎？

*

我想起一則故事——有個女孩跟媽媽大吵了一架，氣得奪門而出，決定再也不要回到這個討厭的家了！一整天，她都在外面閒逛，肚子餓得咕嚕咕嚕叫，但偏偏又沒帶零用錢出來，可又拉不下臉回家吃

飯。一直到了晚上，她來到一家麵攤旁，聞到了陣陣的香味，真是好想吃一碗，但身上又沒帶錢只能不住的吞口水。

忽然，老闆親切地問：「小姐，妳要不要吃麵啊？」她不好意思地回答：「嗯！可是……我沒有帶錢ㄝ……」老闆聽了大笑：「哈哈，沒關係，今天就算老闆請客吧！」

女孩簡直不敢相信自己的耳朵，她坐下來。不一會兒，麵來了，她吃得津津有味，並說：「老闆，你人真好！」

老闆說：「哦？怎麼說？」女孩接著回答：「對啊！我們素不相識，你卻對我那麼好，不像我媽，根本不了解我的需要和想法，真氣人！」

老闆又笑了：「哈，小姐，我才不過給妳一碗麵而已，妳就這麼感激我，那麼妳媽媽幫妳煮了二十幾年的飯，妳不是更應該感激她嗎？」

被老闆這麼一講，女孩頓時有如大夢初醒，眼淚瞬間奪眶而出！顧不得還剩下的半碗麵，立刻飛奔回家。

才到家門前的巷口，就遠遠地看到媽媽，焦急地在門口四處張望，她的心立刻揪在一起！有一千句、一萬句的對不起想對媽媽說。還沒來得及開口，只見媽媽已迎了上前：「唉呦！妳一整天跑去那裡了啊？嚇死我了！來，進來把手洗一洗，吃晚飯了。」

這天晚上，這個女孩才深刻體會到媽媽對她的愛。

＊

太陽一直都在，人就忘了它給的光亮，當親人一直都在，人就會忘了他們給的溫暖；一個被照顧到無微不至的人反而不會去感恩，因為白天已經夠亮了，太陽不是多餘的嗎？

福至心靈

超脫

——你不是你的經歷，只是那個經歷的人。

有個年輕人厭倦人世的喧囂和一些污濁醜惡的東西，於是獨自到深山老林中，決定做一個超凡脫俗的「高人」。

這一天，年輕人正在山中一顆巨石上盤腿打坐，忽然老人來到他身邊。

「你在這裡做什麼？」老人問。

「學習超脫。」

「哈哈哈！」老人放聲大笑。

「你笑什麼？」青年疑惑不解。

「來來來，你隨我來。」老人並沒有回答他的話，他帶年輕人來到一處池塘邊。老人指著池塘裡的蓮花，問：「你知道這是什麼嗎？」

「蓮花。」年輕人回答。

「它根扎在哪裡？」

「泥土裡。」

「對啊，」老人說：「假如蓮花的種子執著於自己的清白，不肯深入泥土之中，那麼，它就永遠只能是一個超脫的種子，永遠不能成為

超凡脫俗的蓮花。」

「老前輩，您是說……」

老人說：「要深入塵世之中，你才能成為一個真正超凡脫俗的人。」

*

蓮花出污泥而不染。所以，存在世俗並沒有什麼不對，要世俗化，但仍然保持脫俗。

處在這個世界上，但不要與之認同，不要讓世界進入你，如此一來這個世界將是非常美好的地方。污濁雖然存在，但是你並沒有受污染；困擾雖然存在，但是你並沒有受打擾。一旦你知道如何超脫，世界對你來說就不是苦海，那麼就沒有東西能夠在你身上創造出任何混亂，那麼就沒有什麼東西能夠真正傷害你，那麼對你來講就沒有受苦。

你雖處在爛泥裡，沒錯，但你不是爛泥。你雖陷入山谷裡，沒錯，但你不是山谷。山谷只是你周遭的境遇。你在它的裡面，但是不屬於它。你可以到垃圾場，但垃圾並不在你裡面。當你看見黑暗和光明，污濁和潔淨，痛苦和快樂都是一樣的時候，將會有一種無比平靜，一種安寧，那你就完全超脫了。

沒錯，你不是你的經歷，只是那個經歷的人。

真正的自己

——無論是誰，當他失去自己時，他也找到自己。

你是否曾經有過這種經驗，當你從夢中醒來，突然間你變得不知道你是誰，你變得不知道你在哪裡。然後你看到周遭的景物，你的床、你的棉被、你床邊的鬧鐘、照片，你的房子和身旁的人……漸漸地，你想起了，你知道你是誰。

但是若沒有這些熟悉的東西，比方你是獨自一個人來到陌生的地

方，周遭沒有任何屬於「我的」東西，然後同樣的，你從夢中醒來，你能知道你是誰嗎？

你一定會很茫然，對嗎？就像一個剛被生下來的孩子，當他不認識四周的一切，不認識周遭的人和物時，他對自我的認同感就迷失了。

所以，小孩被生下來，父母會不斷地教導他去認同，他們會幫他取名字，告訴他說：「看，這是你的床；看，這是你的娃娃；看，這是你的鼻子、嘴巴；那是你的祖父、祖母、哥哥、妹妹。」累積更多的認同，你才知道自己是誰——你的認同就是這樣開始的。

＊

我記得在年輕的時候，我很認同我的長相，我以為我就是我的長

相，我真的這麼以為，所以只要有人評論我的長相，我都非常在意。

到了高中以後，我長相變了，我知道我不是我的長相，雖然我還是非常在意，但我的認同改變了，我變成了我的成績，當成績好，我就快樂，當成績不好，我就不高興。我認同「我是我的成績」有好長一段時間。

到了大學，我認識一個女生，我開始認同那個女生，我的個性和想法都因她而改變。幾年以後，我們分手，我又認識其他的女生，突然，我明白了，「我不是這個或那個女生，我是我自己。」

我開始規劃自己，力爭上游，我成了我的學位，成了我的職位，然後為了符合「身份地位」，我又計劃買房子、換車子，我卯足全力，就這樣，我又成了我的車子和房子……

直到有一次出國開會，我住在飯店裡，半夜從夢中醒來，我突然愣住了：「這是什麼地方？我是誰？」那種虛無的感覺是非常讓人害怕的，因為我一直以為我是這個，是那個。而現在，所有事物都不在，我頓時迷失了。

在這個陌生的國度，失去了認同，那我是誰？我好像什麼都不是。但是如果我什麼都不是，那現在躺在床上這個人又是誰？

我恍然大悟，啊！原來我並不是那些我以為的東西，我並不是我的房子、車子，我不是我的職位，我不是我的工作……因為當那些東西都不在的時候，我還在。

*

就像耶穌說的：「無論是誰，當他失去自己時，他也找到自己。」第一次面對赤裸裸的自己，我終於弄清楚了。那些外在的一切都只是包裝而已，拿掉包裝，盒子裡面的才是真正的自己。

別想太多

——人家又不是在抱怨你，但是你卻怒火中燒，何必呢？

當哈麗和波特離開朋友家時，哈麗開始批評他的朋友，波特聽了真是怒火中燒，他覺得她根本是「指桑罵槐」，既然她認為我的朋友都那麼粗俗、沒水準，那麼我又會有多好。波特覺得那些批評，根本就是針對他。

隔幾天，哈麗買了一套新衣，她覺得很滿意，想展示給波特看，沒

想到他看了之後，不但沒半句稱讚，還連聲說衣服太老氣。她的心開始往下沉，「他根本是嫌我老了」，她想起最近波特常說她皺紋和白髮越來越多，她就更確定了。

*

上面的例子中，波特說的是她的衣服，他認為那衣服穿起來太老氣了，但哈麗卻聽出弦外之音「他根本是在嫌我老」；而哈麗批評的是波特的朋友，但是他卻聽出言外之意，認為哈麗根本是「否定他」。

為什麼會這樣？說來，還不就是認同的問題。如果我們強烈地認同自己的朋友、衣服、伴侶……那麼當有人在否定他們時，你就會覺得自己也受否定。你會覺得他們是在否定你的價值，他們是在否定你的品味。

繼續哈麗和波特的例子。週末，哈麗和波特去看電影，戲院一出來，波特就埋怨：「這真是一部爛片！」他繼續描述：「劇情太沉悶無趣，還有女主角演得很不自然。」

哈麗不發一語，因為那片子是她選的，現在被波特說得一文不值，就像被澆了一盆冷水，她的心都涼了一半。

像這樣把別人評價與自我認同相混淆的情形隨處可見，即使是你選擇的學校、選擇的政黨、偶像、傢俱或你所選的餐廳……如果你非常認同，你會很在乎別人的評價，並且把別人的評價視同是對你的評價。

*

有一次，波特陪同哈麗回到岳母家做客，到了晚上大家便一起出去用餐，菜色和服務都不好，哈麗覺得大家都是「一家人」沒有必要隱藏，於是就明說：「我覺得這間餐廳真的很差，下次不要再來了。」她原是無意，但是父親卻覺得不太舒服，因為這頓飯是他請的，他覺得哈麗那樣說話，對他很無禮；而坐在一旁哈麗的弟媳聽了更是火大，她覺得既然這餐廳是她推薦的，那麼哈麗的抱怨，不等於就是在抱怨她嗎？

這會不會想太多？人家抱怨菜色又不是在抱怨你，但是你卻怒火中燒，這是何必呢？菜又不是你燒的。

心如明鏡

——污點已然不在你的臉上，而是在我的心上，在我的眼裡了。

昨天某個人批評你、侮辱你，今天他出現在你面前，你會怎麼樣？你會怒目相向，還是祥和以對？

如果你的印象還留在昨天，你當然不會給他好臉色，但是今天他也許變了，或許他已經知錯，他也許想跟你重修舊好，而你卻怒氣沖沖，你不斷地被昨天、被過去對他的印象所影響，你就無法看見此時

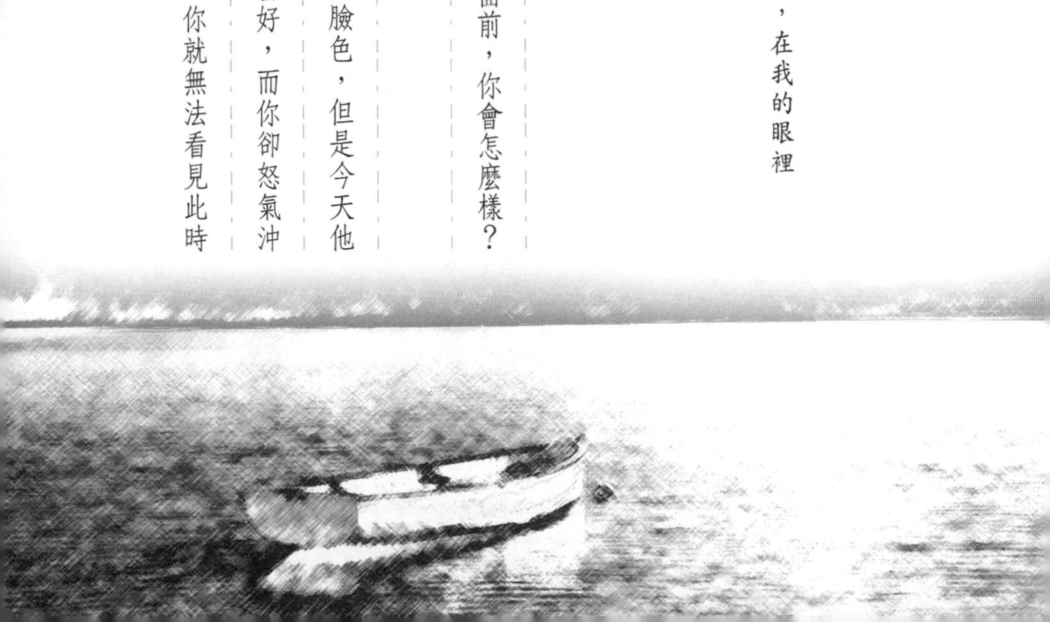

此刻的他。

*

印象就像照片，有人在你生氣時幫你拍一張照片，那張照片到隔天還是一樣，但你會還是一樣嗎？你當然不一樣了。也許你今天變得很快樂，如果他對你的印象還留在那張照片，這時他怎麼可能看見現在的你。

早上那個人心情不好，對你不客氣，到了晚上他心情很好，完全變了一個樣子，如果你在晚上遇見他，你會認為：「他是無禮的。」但他是嗎？不，那只是你的印象而已，你還留在早上的照片中。

一切人事物都在改變，照片從來就不是真實的，即使那張照片是現在照的，但等你把照片洗出來的時候，那個人又已經不一樣了，那個「是」已經「不是」了。

*

人的心就像一面沾滿塵埃的鏡子，灰塵積得越多，鏡子就越模糊；如果灰塵太厚，鏡子就失去顯像功能。昨天這個人在誣蔑你、打擊你，但今天他是這樣嗎？如果不是，你怎麼用昨天的態度面對今天的他，難道你看不出來他不是同一個人嗎？

我現在臉上有污點，你看到了，隔天我把污點去掉了，你還看到污點，請問污點在那裡？污點已然不在我的臉上，而是在你的心上，在你的眼裡了。你是戴著「蒙塵」的眼鏡在看人。

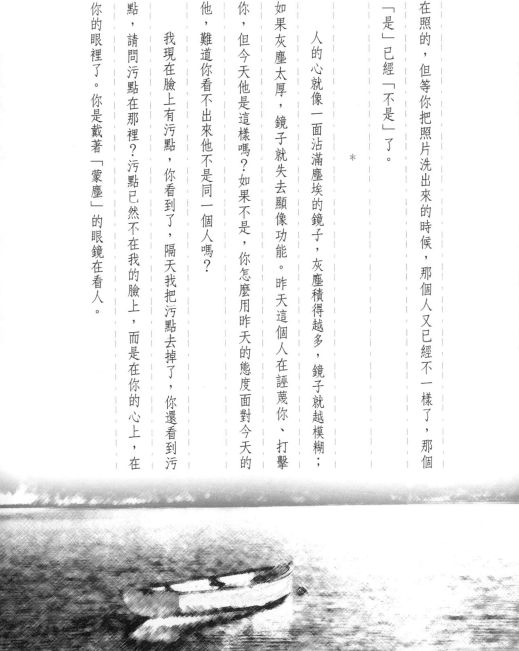

眼鏡是髒的，當然看到的東西也變髒的。所以，禪家說：「心如明鏡台，時時勤拂拭。」心要像明鏡一般，真實的反映面前的一切。那個人帶著微笑，就反映微笑；那個人帶著哭臉，就反映哭臉；那個人帶著憤怒，就反映憤怒；而當反映的景象一離開鏡子，鏡子還是和原來一樣，不留下一絲印象。

我們每個人必須每天去拂拭這面鏡子，否則新灰塵就又附著上來。

忘我歸真

——如果你覺得痛苦，那一定是你又想到了自己。

人永遠是對自己最關心。如果你仔細地看，就會發現我們在每一件所做、所說及所想事情背後，都是為了自己。「我會得到或失去什麼？這對我好嗎？我要怎樣才能得到更多好處？」這所有的問題都是根源於自我，那也是自私的由來。

所謂人不自私，天誅地滅。生物本能就是要保護好自己，否則生存

就會受到威脅。但是問題也出在這裡，當自我變成我們唯一認同的，那別人又如何存在，你還有多餘的心力去關心別人嗎？

我想，那是很困難的。就因為凡事都是為了自己，所以人們很難真正去愛人，即使去愛多半也是有所求的，而當愛一要求回報很容易就走樣。你可以看到越親密的人，往往越會計較，越計較就越不快樂，原因就出在這裡。

*

你也許會說：我很愛我的先生、太太、孩子，但你想過嗎？你為什麼愛他們？難道不是因為你認為他們是「你的」，難道不是因為他們會賺錢給你，為你洗衣燒飯，給你帶來歡樂。所以，你真正愛的是誰？是你自己，對嗎？

你或許會去做善事，去幫助別人，但那並沒有什麼差別，你仍是為了自己，因為當你這麼做，會為你帶來滿足、快樂或福報，你真正目的還是為了自己。

所以，心理分析學家一直教導人們要去幫助別人，宗教和社福團體也在鼓勵大家要愛別人。當你一直想自己，自然會變得封閉，你很容易就陷入「我執」，陷溺在自己的焦慮、憤怒、痛苦、挫折、抑鬱、嫉妒和怨恨裡面。

反之，當你忘了自己，連帶許多煩惱也跟著忘了。當你感到快樂時，你注意一下，你將發現你是無我的，那也是為什麼許多人在無私

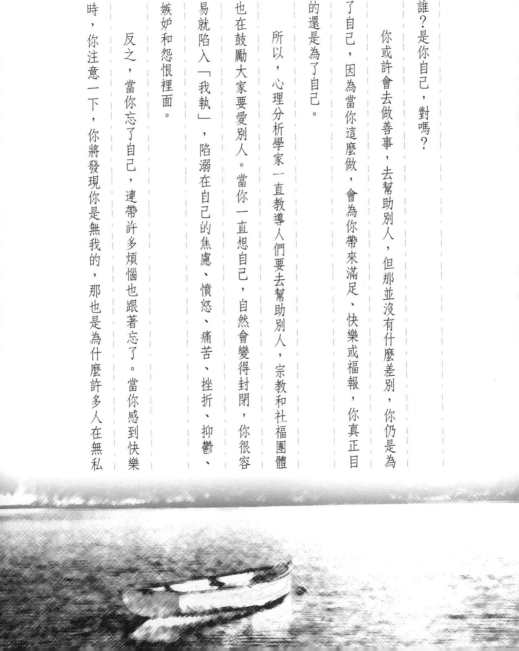

奉獻，做義工之後，會覺得很快樂的原因。

是的，在那些快樂、喜悅、奉獻出愛心的片刻，突然間自我消失了。

＊

有一個弟子問禪師：「我應該怎麼做才能夠得到愛和喜樂？」

禪師說：「除了拋棄你自己以外，別無他法。把自己忘了！」

那個人說：「你在說什麼？如果我失去我自己，我不是什麼都沒有嗎？」

「正好相反，」禪師說：「那個失去自己的人會得到所有，那些只關心自己的人最後會一無所有。」

他說得很對。你沒有注意過嗎？當你很快樂的時候，你是忘我的；反之，當你痛苦的時候，你都是想到自己，你越是想到自己，你就越不快樂。

真正的自由

——你那一大堆「應該」和「不應該」是誰規定的？不就是你自己嗎？

你有沒有發現，當你的想法裡有「應該如何」的時候，就很難快樂；而如果你的想法裡有太多的「不應該如何」，你就變得很容易惱怒。

比方，你認為自己「應該」瘦一點，「應該」得到幾分、考上哪個學校，「應該」在幾歲獲得某些成就、賺到多少錢，那麼在你達成

「應該」的目標之前，你將很難快樂，對嗎？

如果你認為男人應該要有擔當，女人應該要溫柔體貼，孩子應該用功讀書，然而結果卻不是這樣，那你一定經常不快樂，你會覺得惱怒，對嗎？假如孩子不認真讀書，先生沒擔當，太太對你不體貼，那你就會發火。

*

你仔細觀察過嗎？夫妻在吵架，他們其實不是和對方吵，而是為那個「應該」或「不應該」在吵。當你認為對方「不應該」懶懶散散，「不應該」拖拖拉拉，「不應該」東西亂放，「不應該」說話不算話，「不應該」忘記你交代的事。麻煩就來了，當你認為「不應該」

這樣，他卻認為「應該」這樣，然後你們就會吵起來。

丈夫忘了妳的生日，妳本來也沒在意。同事卻說：他「不應該」連生日都忘了。於是，妳就變得不高興。太太常打電話來關心你，那也沒什麼。朋友卻說：她「應該」信任你，「不應該」掌控你的行蹤，結果你就覺得惱怒。

你在等人，本來也沒事，但當你想到「他不應該遲到」，你的怒氣就會升起；你忙著做事，本來也好好的，然後你一想到「他應該幫忙」、「他不應該把事情都丟給我」，那你就會越想越氣。沒錯，如果你的想法裡有太多的「應該」和「不應該」，你就變得很容易惱怒，你將很難快樂。

*

因此，任何時候當你覺得不高興的時候，你要問自己：「這個不愉快是怎麼來的？是不是我自己『創造』的？」你的很多思想之所以會落入一定型態，都是因為你一生中大部分的時間都是如此。你被觀念所綑綁，以致無法走出心裡的桎梏。

首先你認定一個原則和觀念，然後所有人就必須跟著走，如果你的「應該」是這樣，而你或其他人卻做「不應該」的事，你就不快樂，甚至惱怒。但你想過嗎？你那一大堆「應該」和「不應該」是誰規定的？不就是你自己嗎？

奧修說：「真正的自由是免於任何觀念的自由。」人原本生而自

由，但有人卻喜歡給自己創造監牢。想想，這不是作繭自縛嗎？